서툴러도
괜찮아
서로가 함께하는
**배려**

**서툴러도 괜찮아
서로가 함께하는 배려**

**1판 1쇄 발행** 2022년 3월 5일

| | |
|---|---|
| **글쓴이** | 김미조 |
| **그린이** | 원정민 |
| **편집** | 박주원, 이정희 |
| **디자인** | 성영신, 문지현 |
| **펴낸이** | 이경민 |
| **펴낸곳** | ㈜동아엠앤비 |
| **출판등록** | 2014년 3월 28일(제25100-2014-000025호) |
| **주소** | (03737) 서울특별시 서대문구 충정로 35-17 인촌빌딩 1층 |
| **전화** | (편집) 02-392-6901 (마케팅) 02-392-6900 |
| **팩스** | 02-392-6902 |
| **전자우편** | damnb0401@naver.com |
| **SNS** | |

**ISBN** 979-11-6363-558-1 (74100)
   979-11-6363-285-6 (세트)

※ 책 가격은 뒤표지에 있습니다.
※ 잘못된 책은 구입한 곳에서 바꿔 드립니다.
※ 이 책에 실린 사진은 위키피디아, 셔터스톡에서 제공받았습니다.
   사진 출처를 찾지 못한 일부 사진은 저작권자가 확인되는 대로 게재 허락을 받겠습니다.

KC마크는 이 제품이 공통안전기준에 적합하였음을 의미합니다.
사용 연령 : 8세 이상    제조자명 : ㈜동아엠앤비
*주의 : 책 모서리로 인한 찍힘에 주의하세요.

도서출판 뭉치는 ㈜동아엠앤비의 어린이 출판 브랜드로, 아이들의 지식을 단단하게 만들어 주고, 아이들의 창의력과 사고력을 키워 주어 우리 자녀들이 융합형 창의 사고뭉치로 성장할 수 있도록 좋은 책을 만들겠습니다.

## 펴내는 글

왜 서로를 배려해야 할까?
함께 사는 세상은 어떻게 만들어 갈까?

선생님이 질문을 던지자마자 교실이 일순간에 조용해집니다. 심장은 두근두근합니다. 이때, 침묵을 깨는 선생님의 목소리. 내 이름이 아닌, 다른 누군가의 이름입니다. 휴, 내 심장은 이제야 평온을 찾습니다.

이런 경험, 모두들 해 보지 않았나요? 사람들 앞에서 말하는 것, 심지어 조리 있게 말하는 것은 쉬운 일이 아닙니다. 우리 모두는 매일 말을 하고 사는데도 말을 '잘하기'는 쉽지가 않고, 말 '잘하는' 사람도 보기가 드뭅니다. 왜 그럴까요?

말이란 인간이 서로의 생각과 감정 등을 알기 위해, 즉 기본적으로는 소통하기 위해 사용하는 도구입니다. 타인과 소통하기 위해서는 논리가 필요합니다. 핵심과 기승전결이 있어야 한다는 뜻입니다. 핵심이 뭔지 알 수 없는 말, 두서가 없는 말로는 소통을 하기가 어렵습니다. 설득은 언감생심이고요.

말에 핵심과 기승전결이 있으면 논리가 생깁니다. 논리력을 키우는 가장 효과적인 방법은 생각하는 훈련을 많이 해 보는 것입니다. 가장 쉬운 것은 언제(when), 어디서(where), 무엇을(what), 어떻게(how), 왜(why)를 따져 보는 것입니다. 이런 방식으로 현상을 보다 보면 지식이 많아지는데, 지식이 많아지면 다른 사람의 말을 들을 때 무조건 동조하거나 반대하지 않을 수가 있습니다. 비판

의식이 생기기 때문이지요.

「초등 철학 토론왕」 시리즈는 아이들이 일상 속에서 맞닥뜨릴 수 있는 철학적 질문과 호기심을 해결하면서 스스로 생각하는 힘을 키울 수 있도록 기획되었습니다. 흥미로운 이야기를 읽으며 끊임없이 생각하고 답을 찾는 사이, 철학은 고리타분한 것이라는 편견을 깰 뿐만 아니라 우리 삶을 풍요롭게 해 주는 가치와 지혜를 하나씩 배울 것입니다.

무엇보다 교과서에서는 접할 수 없는 구성으로 철학적 주제와 동화를 엮어 어린이 독자들이 논리적 사고력, 문제 해결력, 창의적 발상을 두루 경험할 수 있도록 하였습니다. 또한 폭넓은 정보를 유기적으로 연결해 설명함으로써 교과별로 조각나 있는 지식을 엮어 배경지식을 보다 탄탄하게 만들어 줍니다. 이러한 통합 교과형 구성은 국어를 기본으로 과학에서부터 역사, 지리, 사회, 예술에 이르기까지 상식과 사회에 대한 감각을 익히고 세상을 올바르게 바라보는 안목도 키워 줄 것입니다.

『서툴러도 괜찮아, 서로가 함께하는 배려』는 수정이의 반에 다문화 가정 학생 타냐가 전학 오면서 갈등하고, 소통하고, 배려하는 과정을 통해 '함께 사는 세상'의 의미를 되짚어 본다는 이야기입니다. 타냐를 생각하는 수정이의 마음, 타냐를 싫어하는 친구들과의 갈등, 인형 가게에서 만난 엘사와 유나의 공감과 위로, 위험에 처한 남수를 구하기 위해 다시 힘을 합친 수정이와 친구들의 모습은 의견을 나누고 서로의 생각을 확인하며, 배려하는 자세가 필요하다고 우리에게 말합니다. 여러분도 이 책을 읽으면서 자신은 다른 사람을 이해하고 배려하기 위해 어떤 노력을 기울이는지, 결국 함께 사는 세상은 어떻게 만들어 가야 할지 더 깊이 있게 생각해 보면 좋겠습니다.

편집부

# 차례

펴내는 글 · 4

다른 게 틀린 거라고? · 8

 **서로 다름을 인정해요 · 11**

다른 게 왜 싫을까?
우리 공장에서 찍어 낸 인형이 아닌걸
넌 내 편이니?

🟧 토론왕 되기  차별 없는 세상을 만들 수 있을까?

 **솔직한 대화를 나누어요 · 35**

외톨이가 되어 버렸어
인형 가게의 유나 언니
대화가 필요해

🟧 토론왕 되기  들어 주는 것도 대화라고?

 **서로에게 상처 주지 말아요 · 59**

상처받은 아이들
타냐를 통해 보는 세상
하나보다 둘이 낫잖아

🟧 토론왕 되기  '자기 결정권'은 자기 마음대로 해도 되는 권리일까?

 **4장 관심과 참견을 구별해요 · 83**

힘이 있으면 괜찮을까?
들키고 싶지 않은 비밀
오늘 하루 타냐와 놀아 보기
`토론왕 되기` 관심은 참견에 불과한 것일까?

 **5장 함께하고 서로 배려해요 · 111**

남수를 잡아라
함께 하니까 좋잖아
안녕 엘사, 안녕 유나
`토론왕 되기` 함께 어울려 산다는 건 무엇일까?

배려에 관한 명언 · 133

어려운 용어를 파헤치자! · 134

신나는 토론을 위한 맞춤 가이드 · 135

# 다른 게 틀린 거라고?

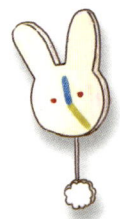

## 🌸 다른 게 왜 싫을까?

　수정이는 떡볶이를 정말 좋아해요. 매일매일 떡볶이만 먹고도 살 수 있을 정도로요. 그런데 오늘은 맛있는 떡볶이가 눈앞에 있는데도 먹고 싶지 않았어요.
　"여기 떡볶이 정말 맛있지 않아? 우리, 내일도 떡볶이 먹으러 오자."
　진아는 입안 가득 넣은 떡볶이를 우물거리며 말했어요.
　"내일은 안 돼."
　경희가 시무룩하게 대답했어요.
　"왜?"

진아가 물었어요.

"이번 주 용돈을 다 써 버렸는걸."

"친구, 그런 건 걱정하지 마. 내일은 내가 사 줄게."

진아는 경희의 등을 토닥이며 말했어요.

"정말?"

"그럼. 어묵도 사 줄 수 있어."

진아와 경희는 서로 마주 보며 즐겁게 웃었어요. 평소라면 수정이도 웃었을 거예요. 하지만 수정이는 웃지 않았어요. 오히려 조금 전보다 더 슬퍼지는 거예요.

'타냐는 괜찮을까?'

운동장 벤치에 앉아 있던 타냐의 얼굴이 생각나 버렸거든요. 그때, 타냐는 수정이를 보고 있었어요. 왠지 외롭고 슬퍼 보이는 표정이었어요.

'나도 함께 놀자. 너희랑 놀고 싶어.'

타냐는 이렇게 말하는 것 같았어요.

'응. 우리와 함께 놀자.'

수정이는 이렇게 대답해 주고 싶었어요.

하지만 그렇게 하지 못했죠.

'다 함께 잘 지내면 좋을 텐데……. 머리카락 색이 빨간 게 뭐, 눈

이 파란 게 뭐. 도대체 뭐가 문제야?'

수정이는 아무리 생각해도 알 수 없었어요.

"그러니까, 그게 왜 싫은 거냐고!"

결국, 수정이는 저도 모르게 큰 소리를 내고 말았어요.

"뭐?"

진아가 깜짝 놀라 되물었어요.

"뭐래?"

경희는 잔뜩 얼굴을 찌푸렸어요.

"너, 그 타냐인지 뭔지 하는 아이 때문에 그러는 거야? 계속 시무룩하게 있더니."

"타냐도 같은 반 친구니까……."

"같은 반이면 뭐. 무조건 친하게 지내야 해? 우린 그 아이가 어떤 아이인지도 모르는데?"

"모르니까 알고 싶은 거잖아."

"너나 그렇게 해. 난 싫어. 그 아이는 우리랑 틀리다고. 틀린 건 싫단 말이야!"

경희는 발까지 동동 구르며 소리쳤어요.

"뭐? 뭐가 틀려?"

"그럼 맞아? 걔가 우리랑 같아?"

"아니, 다르게 생긴 건 맞는데……. 그렇다고 틀린 건 아니잖아."

"다르니까 틀렸지! 아! 짜증 나. 나 집에 갈래."

경희는 벌떡 일어나 버렸어요.

"그러지 마! 경희야. 수정아, 빨리 사과해. 너 때문에 경희가 화났잖아."

경희를 붙잡으며 진아가 말했어요.

"미안."

## '다르다'와 '틀리다'

경희는 다른 것을 틀린 것으로 생각해요.
그런데 정말 '다른 것'은 '틀린 것'일까요?
먼저 '다르다'와 '틀리다'의 정확한 뜻을 알아보아요.

다르다 : 서로 같지 않다. 〈반대말 : 같다〉

> (예) 나는 비가 좋아. 하지만 수정이의 생각은 다르더라고.

틀리다 : 맞지 않고 어긋나다. 〈반대말 : 옳다〉

> (예) 2+2=5는 틀린 답이야.

다른 것은 그냥 다른 것이에요. 다른 것을 틀렸다고 말하는 건 큰 문제랍니다. 왜냐하면, '나는 옳은데 너는 틀렸다.', '우리는 옳은데, 너희는 틀렸다.'와 같은 말이 될 수도 있기 때문이죠. 이러한 말을 자꾸만 쓰다 보면, 생각도 그렇게 바뀌어 버려요. 서로가 다를 뿐인데, 나는 옳고, 너는 틀린 것으로요. 그래서 우리는 '다르다'와 '틀리다'를 정확하게 구분할 줄 알아야 해요.

수정이는 그만 사과하고 말았어요. 경희와 싸우기 싫었거든요. 하지만 여전히 마음이 아팠어요. 떡볶이는 손도 대고 싶지 않았어요.

'엘사가 보고 싶다.'

수정이는 고개를 푹 숙인 채 이런 생각을 했어요.

## 우린 공장에서 찍어 낸 인형이 아닌걸

사실 수정이에겐 비밀 친구가 하나 있어요.

그 친구는 엘사예요. 엘사는 인형 가게의 진열장에서 살고 있었죠.

오늘처럼 마음이 힘들면 엘사가 더 보고 싶어져요. 그래서 수정이는 친구들과 헤어진 후 엘사를 만나러 갔어요.

"엘사."

"오늘도 와 주었구나."

엘사는 반갑게 맞아 주었어요. 하지만 곧 수정이의 우울한 표정을 보곤 물었어요.

"무슨 일 있었어? 슬퍼 보여."

수정이는 엘사에게 오늘 일어났던 일을 말해 주었어요.

"그랬구나. 많이 힘들었겠네."

엘사는 수정이를 위로해 주었어요.

"응. 그런데 나보단 타냐가 더 힘들었을 거야. 나도 그런 적이 있어서 잘 알아."

"기억나. 너도 전학 왔을 때 일주일 정도 친구가 없었지. 그 덕분에 나를 만난 거긴 하지만."

"응. 그땐 진짜 힘들었어. 하지만 지금은 괜찮아. 친구들이 생겼으니까. 너도 있고. 하지만 타냐 곁엔 아무도 없어."

"그래, 타냐 곁엔 아무도 없구나."

"경희는 좋은 친구야. 내가 외톨이로 있을 때 제일 먼저 말을 걸어 주었거든. 그런데 타냐에겐 그러고 싶지 않은가 봐. 다르게 생긴 건 틀린 거라고……."

"이상한 말이네."

엘사는 고개를 갸웃거렸어요.

"사람들은 전부 다 다르게 생겼던데. 똑같이 생긴 사람을 본 적이 없어. 그래서 난 사람이 부러워."

"어? 왜? 넌 진짜 예쁘게 생겼잖아. 옷도 예쁘고."

오늘도 엘사는 하늘거리는 푸른색 드레스를 입고 있었어요. 엘사가 움직일 때마다 살랑거리는 게 어찌나 예뻤던지 눈을 뗄 수 없었어요.

"그럼 뭐해. 다른 엘사들을 봐. 우린 다 똑같이 생겼잖아."

진열장 안에는 엘사 인형이 열 개 정도 있었어요. 그런데 모두 다 똑같은 얼굴을 하고 있었어요.

"그래서 싫어?"

수정이가 물었어요.

"처음엔 싫었어. 그런데……."

엘사는 싱긋 웃었어요.

"지금은 괜찮아. 똑같이 생겼다고 똑같은 생각을 하는 건 아니니까."

"아!"

"너와 경희도 그렇잖아. 생긴 것도 다르고, 생각도 다르잖아. 그래서 재미있는 거고."

"재미있다고? 생각이 달라서 다투었는데도? 왜?"

수정이는 고개를 갸웃거렸어요.

"다툰 건 유감이야. 하지만 그 덕분에 넌 지금까지 해 본 적이 없는 질문을 너한테 던졌잖아. '다른 것은 틀린 것일까? 나와 다른 것을 싫어하는 게 맞는 것일까?' 아니야?"

"그러고 보니, 그러네."

"서로 생각이 다른 건 나쁜 게 아니야. 생각이 다르다고, 서로를 비난하거나 싸우는 게 나쁜 거지."

"너 정말 똑똑하다. 어떻게 그렇게 잘 알아?"

"헤헤, 나도 나랑 생각이 아주 다른 친구가 있거든."

"뭐? 나 말고 다른 친구가 있어?"

수정이는 어쩐지 서운함이 느껴졌어요. 자기가 유일한 친구인 줄 알았거든요.

"당연하지. 설마 내가 인형이라서 다른 사람 친구는 없다는 편견이 있었던 거야?"

## 선입견과 편견

### 선입견은 뭘까요?
선입견은 미리 마음속에 담아 둔 생각이에요. 경희와 진아의 예를 들어 볼까요? 경희와 진아는 타냐가 어떤 아이인지 몰라요. 대화해 본 적도 없고, 같이 놀아 본 적도 없어요. 타냐가 어떤 사람인지 알 생각도 하지 않아요. 이미 마음속에 '타냐는 싫어.'라는 생각이 굳어져 버렸기 때문이에요. 이처럼 직접 경험하지 않은 상태에서 미리 마음속에 굳어진 생각을 선입견이라고 해요.

> **선입견의 또 다른 예**
> - 나는 수영을 한 적이 없어. 하지만 수영은 재미없을 거야.
> - 나는 양고기 꼬치를 먹어 본 적이 없어. 그래도 양고기 꼬치가 맛없다는 것은 알아. 생긴 게 맛없어 보이잖아.

### 편견은 뭘까요?
편견은 한쪽으로 치우쳐 공정하지 못한 생각을 말해요. 경희는 "타냐가 우리랑 다르게 생겼으니까 싫어."라고 말했죠? '다른 것'과 '싫은 것'은 똑같은 말이 아니에요. 그런데도 '다른 건 싫은 거야.'라고 생각해 버리면 편견이 되어 버려요. 공정한 생각이 아니기 때문이죠.

> **편견의 또 다른 예**
> - 진아는 겁이 많아. 그래서 벌레도 무조건 무서워할 거야.
> - 외국인 노동자는 지저분해 보여. 그 나라 사람들은 다 그럴 거야.

선입견과 편견은 오목 렌즈나 볼록 렌즈 같은 거예요. 오목 렌즈나 볼록 렌즈로 세상을 보면, 세상을 있는 그대로 볼 수 없어요. 사실과 다르거나 그릇된 시선으로 보게 되죠. 그래서 우리는 선입견이나 편견을 가지지 않도록 노력해야 해요.

"아, 아니야."

"그냥……."

"그냥, 뭐?"

"난 너한테 특별한 줄 알았어."

"특별해. 그런데 특별한 게 꼭 하나여야 하나? 너도 나 말고 특별한 친구들이 더 있잖아. 또 가족도 특별하고."

수정이는 갑자기 부끄러워졌어요. 엘사에게 이기적인 속마음을 들킨 것 같았거든요.

## 넌 내 편이니?

수정이는 교문 앞에서 잠시 멈춰 섰어요. 그러곤 멍하니 학교 건물을 바라봤어요.

'어제 경희에게 미안하다고 말했지만……. 사실 미안하지 않았어. 아니, 왜 내가 미안해야 하는데? 오늘도 다른 건 틀린 거니까, 타냐와는 말도 하지 말라고 하겠지? 그럼 나도 타냐를 차별하게 되는 거잖아. 그러긴 싫은데…….'

한숨을 푹 쉬는데, 빨간 머리카락이 설핏 눈에 들어왔어요. 고개

를 돌렸더니 교문 안으로 들어서는 타냐의 뒷모습이 보였어요. 순간, 수정이는 타냐의 팔을 잡아 버렸어요.

"타냐."

타냐는 놀란 눈으로 수정이를 쳐다봤어요.

"아, 그러니까……. 난 이수정. 너 아직 우리 반 애들 이름 다 못 외웠지? 내가 도와줄게. 같이 들어갈까?"

타냐는 수줍게 고개를 끄덕였어요.

"있잖아. 오늘 학교 마치고 떡볶이 먹으러 갈까? 학교 앞 분식집 떡볶이 진짜 맛있어."

학교 건물 현관으로 들어서며 수정이가 말했어요.

"좋아."

"헤헤……. 앗!"

수정이는 웃다가 그만 움찔 놀라고 말았어요. 2층으로 올라가는 계단 위에서 이쪽을 무섭게 노려보고 있는 경희의 눈과 마주쳤기 때문이었죠. 그 옆엔 진아가 황당하다는 표정으로 수정이와 타냐를 쳐다보고 있었어요.

"야! 이수정. 너, 잠깐 나 좀 보자."

경희의 목소리는 칼바람처럼 서늘했어요.

경희가 수정이를 데려간 곳은 건물 뒤편의 작은 정원이었어요. 작은 정원엔 간이 테이블과 의자가 놓여 있어요. 점심시간에 선생님들이 차를 마시며 수다를 떠는 곳이었죠.

"너 누구 편이야. 빨리 말해!"

경희는 잔뜩 화가 난 목소리로 말했어요. 진아는 바로 옆에서 "그래, 대답해."라고 재촉했어요.

"아……. 나는……."

수정이는 몹시 당황했어요.

"어, 얘 봐라. 왜 바로 말 못해?"

"그게 아니라……. 친구끼리……."

"타냐가 친구야? 언제부터 친구였다고. 네 친구는 우리야."

경희는 씩씩거리며 말했어요.

"맞아, 맞아."

진아도 옆에서 맞장구쳤어요.

수정이는 울고 싶었어요. 하지만 꾹 참고 이렇게 말했죠.

"그냥 다 같이 친구 하면 안 돼?"

"그래서 우리 몰래 타냐와 떡볶이집에 가기로 한 거야?"

"아니……. 그게 아니라……."

"배신자."

"야! 말이 심하잖아."

"네가 더 심해. 우리를 배신했으니까."

"배신한 게 아니라……."

"그럼 말해 봐. 너 우리 편이야, 타냐 편이야?"

"편 같은 게 어디 있어……. 다 같이 친하게 지내면 되잖아."

"안 돼."

"왜?"

"타냐는 우리 편이 아니니까. 그러니까 넌 누구 편인지 결정해야 해."

"누구 편이라니? 친구들끼리. 네 편 내 편 따지는 거 이상해."

수정이의 말을 듣던 경희가 얼굴을 찡그리며 차갑게 말했어요.

"알았어. 그럼 절교야. 넌 이제 우리 친구 아니야."

수정이는 어찌나 놀랐던지 말문이 막혀 버렸어요. 종종 경희와 말싸움을 한 적은 있어요. 그렇지만 지금처럼 절교 선언을 들은 적은 없었죠.

"야! 이건 아니지."

진아도 깜짝 놀라서는 재빨리 말했어요. 그러자 경희는 휙 고개를 돌려 진아까지 노려봤어요.

"너도 수정이 편이야?"

"그게 아니라……."

"알았어. 너도 이젠 내 친구 아니야."

경희는 이렇게 말하고 휙 몸을 돌려 가 버렸어요.

"미안……. 수정아, 나도 타냐는 싫어. 그리고 타냐와 같이 노는 너도 싫어."

진아도 경희의 뒤를 쫓아가 버렸어요.

"앗, 잠깐만!"

수정이가 급하게 따라갔지만 둘은 이미 사라진 후였어요.

"뭐야? 정말! 정말 못됐어!"

수정이는 발을 동동 구르며 소리쳤어요. 화가 나서 견딜 수 없었거든요. 하지만 곧 어깨를 축 늘어뜨린 채 중얼거렸어요.

"친구가 뭐 이래……. 저러고도 친구야?"

## 이분법적 사고와 흑백 논리

이분법적 사고는 사물이나 상황에 대해 두 가지로만 한정해 생각하는 거예요. 수정이와 경희의 대화를 통해 더 자세히 알아보아요.

> 경희 : 난 타냐가 싫어. 그런데도 넌 타냐와 친하게 지낼 거야?
> 수정 : 응.
> 경희 : 그래? 그럼 넌 우리 편이 아니야.

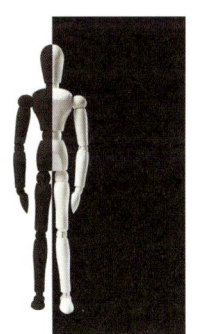

경희는 나와 같은 생각을 해야만 '우리 편'이라고 생각해요. 그렇지 않으면 우리 편이 아닌 거죠. 경희는 사람을 '우리 편'과 '우리 편이 아닌 사람', 두 가지로만 구분 짓고 있어요. 이러한 사고는 흑백 논리의 오류에 빠지기 쉬워요. 흑백 논리는 모든 문제를 두 가지로만 구분하려는 논리예요. 그러니까 모든 문제를 흑과 백, 선과 악으로만 구분하죠.

그런데 세상의 모든 것은 두 가지로만 구분될 수 없어요. 이를테면, 색에는 검은색과 흰색 말고도 빨간색, 파란색, 보라색, 노란색 등 여러 색깔이 있죠.

또, 선한 사람도 악한 일을 할 수 있고, 악한 사람도 선한 일을 할 수 있어요. 완전히 선하거나 완전히 악한 사람은 없어요. 세상을 이분법으로 보면 편견에 빠지기 쉬워요. 그리고 다양성을 인정하지 못하는 편협한 사람이 될 수도 있어요. 그래서 우리는 흑백 논리의 오류에 빠지지 않도록,
더 많이 생각하고 노력해야 해요.

# 사람들에게 고통을 주는 일상생활 속의 차별

## 우리가 흔히 볼 수 있는 차별로는 어떤 게 있을까요?

### 인종 차별

사람들은 골격, 머리카락, 피부색 등 신체적인 특징에 따라 인종을 구분해요. 보통 황색 인종, 흑색 인종, 백색 인종으로 구분하지요. 그런데 바로 이러한 차이 때문에 사람을 차별하는 것을 '인종 차별'이라고 해요. 인종 차별은 역사적으로 가장 오래되고 널리 퍼져 있는 차별 중 하나예요. 오래전 유럽에서는 흑색 인종인 아프리카인을 데려와 자신들의 노예로 만들기도 했어요. 인종 차별은 아직도 많은 나라에서 일어나고 있어요.

### 성차별

성차별은 성의 차이를 이유로 다른 사람을 차별하는 거예요. 그동안 성차별은 주로 남자와 여자, 두 개의 성별에 대해서만 이야기 되었어요. 그러나 오늘날에는 '성적 소수자 차별'에도 주목을 하고 있답니다. 성적 소수자는 동성애자, 양성애자, 성전환자 등을 일컫는 말이에요. 사람은 단지 여자와 남자로 구분될 수 없어요. 자신과 같은 성별을 사랑할 수도 있고요. 또, 여자와 남자의 신체적 특성을 다 가진 사람도 있어요.

### 장애인 차별

장애인은 비장애인보다 몸이나 마음이 조금 혹은 많이 불편한 사람을 일컬어요. 하지만 정작 장애인을 불편하게 만드는 건, 장애를 가졌다는 이유로 차별하는 사람들일 때가 있어요. 시각 장애인들이 길을 걸을 때 쓰는 점자 블록이 깨지고 닳아 있는 모습을 보았나요? 이러한 모습은 사회가 장애인들의 권리를 생각하고 있지 않다는 것을 보여 주는 사례예요.

### 외국인 노동자 차별

외국인 노동자는 단지 한국인이 아니라는 이유로 차별받기도 해요. 같은 시간, 같은 노동을 하고서도 적은 임금을 받는 경우가 많아요. 또, 부당한 대우를 받기도 하죠. 노동 현장뿐만 아니라 일상 속에서도 외국인 노동자에 대한 차별이 이어져요. 함부로 무시하는 말을 하거나 깔보는 듯한 시선으로 바라보는 등 곳곳에서 차별이 일어나요.

### 인권과 인권법

인권은 '사람이라면 누구나 다 인간답게 살 수 있는 기본적인 권리'를 말해요. 기본적인 권리로는 '인간으로서 존엄과 가치를 추구하고 행복을 추구할 권리', '자유를 누릴 권리', '생존권적 기본권을 보장받을 권리' 등이 있어요. 이를 법제화한 것이 '인권법'이에요. 그런데 자기 인권만 중요하게 생각하고, 다른 사람의 인권을 존중하지 않는 사람도 있어요. 이를테면, 난민, 이주 노동자, 탈북자 등의 인권을 무시하고 이들에게 함부로 말하거나 폭력을 행사하는 거죠. 세상 어디에도 함부로 무시당해도 좋은 사람은 없어요. 모든 사람은 태어날 때부터 인권을 가지고 있으며, 모든 사람은 서로의 인권을 존중해야 해요. 그래야만 진정으로 행복하고 평화로운 사회를 만들 수 있어요.

# 토론왕 되기

## 차별 없는 세상을 만들 수 있을까?

안녕, 얘들아. 오늘은 너희와 차별에 관한 이야기를 나누고 싶어. 차별은 사람들을 너무 힘들게 해. 그래서 차별이 사라졌으면 좋겠는데, 어떻게 해야 그럴 수 있을까?

차별은 절대 사라지지 않아. 사람은 자신과 다른 걸 싫어하게 되어 있으니까.

너도 누군가에겐 다른 존재야. 그런데 그 누군가가 너를 무작정 싫어하거나 무서워하면, 기분이 좋진 않을 거야.

난 사람들이 달라서 좋을 때도 있어. 외모는 물론이고 생각도. 따지고 보면, 모든 사람이 다 다르잖아. 서로 다른 걸 그냥 있는 그대로 인정해 주면 안 되나?

 난 우리 모두 그런 노력이 필요하다고 생각해. 서로서로 있는 그대로를 인정하는 것. 세상은 혼자 사는 게 아니잖아. 어차피 모든 사람은 달라. 물론 정도의 차이는 있겠지. 그래도 쌍둥이처럼 똑같은 사람은 없어. 쌍둥이라 해도 다른 사람이야.

**나도 토론왕**

경희는 "사람은 자신과 다른 걸 싫어하게 되어 있으니까."라고 말해요. 다른 사람을 있는 그대로 인정하고 받아들이는 일은 분명 쉽지 않아요. 그렇기에 우리 역시 차별을 겪을 수 있어요.
'몸이 아파서', '돈이 없어서', '인종이 달라서' 등과 같이 다양한 이유로 차별을 겪어요. 하지만 모두가 각기 다른 모습으로 살아가는 세상에서 차별은 당연하다고 말할 수 있을까요?
여러분의 생각은 어떤지 이야기 나누어 봅시다.

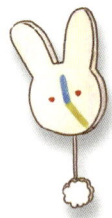

## 외톨이가 되어 버렸어

경희가 절교를 선언한 다음 날 아침이었어요. 수정이는 늦잠을 자는 바람에 엄마의 잔소리를 들었어요. 늘 맛있게 먹었던 아침밥은 모래를 씹는 것처럼 맛이 없었어요. 어쩐지 머리가 아픈 것 같기도 했고, 몸의 힘이 다 빠져나가 버린 것 같기도 했어요.

"엄마, 나 오늘 그냥 집에서 쉬면 안 돼?"

수정이는 결국 이렇게 말하고 말았어요. 엄마는 대답 대신 수정이의 이마를 짚어 보았어요.

"열은 없는데……. 왜, 학교에서 무슨 일 있었니?"

수정이는 도리도리 고개를 흔들었어요. 엄마에게 걱정을 끼치는 게 싫었거든요.

"아니야, 학교 갈래."

"몸이 아프면 쉬어야지. 그냥 오늘은 집에 있어."

"아깐 좀 그랬는데……. 지금은 괜찮아."

"정말 괜찮아?"

"응. 학교 다녀올게."

수정이는 책가방을 들고 집 밖으로 나왔어요. 하지만 학교로 향하는 발걸음은 무거웠어요.

'경희와 진아는 진짜 나랑 절교할 생각인가? 외톨이가 되면 어떡하지?'

지금 다니는 학교엔 석 달 전에 전학을 와서 아는 친구들이 많지 않았어요. 교실에 혼자 쓸쓸하게 앉아 있을 수도 있다는 생각에 덜컥 무서워졌어요.

'타냐도 무서웠겠지?'

타냐 생각을 하니 마음도 아팠어요. 무섭고 아픈데 뭘 어떻게 해야 할지 알 수 없어 앞이 캄캄하기만 했어요. 그저 고개를 푹 숙인 채 걷기만 했어요.

"어? 수정아."

갑자기 자신을 부르는 목소리가 들리자 수정이는 고개를 들었어요. 뒤이어 자신이 막다른 골목길의 인형 가게 앞에 서 있다는 걸 깨달았어요. 분명 학교로 가는 중이었는데, 저도 모르게 인형 가게로 와 버린 거예요.

"학교에 갈 시간 아니야? 아침부터 웬일이야?"

엘사가 물었어요.

"아, 난……"

엘사를 보자마자 수정이의 눈에서 왈칵 눈물이 쏟아졌어요.

"왜 그래? 무슨 일이야? 왜 울어?"

엘사는 수정이를 더 가까이에서 보기 위해 진열장의 유리 앞에 바짝 붙어 섰어요.

"나…… 또 경희와 싸웠어. 화해하려고 했는데 더 나빠졌어. 이제 나 외톨이야. 허어엉."

결국, 수정이는 그 자리에 주저앉은 채 두 손으로 얼굴을 감싸고 엉엉 울고 말았죠. 한참을 우는데, 유리장 안에서 또 다른 울음소리가 들렸어요. 수정이는 얼굴을 감싼 두 손을 내리고 진열장 안을 봤어요. 엘사가 수정이보다 더 서럽게 울고 있는 거예요.

"왜, 왜 울어? 너도 무슨 일 있었어? 누가 널 괴롭혔어?"

방금 자기도 울고 있었다는 걸 까맣게 잊어버리고 수정이가 물었어요.

"아니, 아무도 안 괴롭혔어."

"그, 그런데 왜 울어?"

"네가 우니까."

"어?"

"내 마음이 너무 아파. 허어엉……."

"나 괜찮아, 울지 마. 울지 마."

수정이는 어쩔 줄 몰라 하며 엘사를 위로했어요.

바로 그때였어요. 갑자기 인형 가게 문이 드르륵 열렸어요. 뒤이어 머리카락을 초록색으로 염색한 여자가 고개를 내밀었어요. 문 열리는 소리에 돌아본 수정이와 눈이 마주치자, 초록 머리 여자는 싱긋 웃으며 말했어요.

"들어와서 케이크 먹을래?"

"케이크……요?"

수정이는 옷소매로 눈물 자국을 쓱쓱 지우며 물었어요.

"싫어?"

수정이는 뭐라 대답해야 할지 몰라 엘사를 봤어요.

"좋은 사람이야. 들어가 봐."

수정이는 고개를 끄덕였어요. 어차피 지금 학교도 가고 싶지 않고, 다른 데 갈 곳도 없었으니까요.

## 다문화 사회

인간은 사회적 동물이에요. 홀로 살 수 없기에 사회를 만들고 그 안에서 다른 사람들과 끊임없이 관계를 맺으며 살아요. 그리고 그 속에서 삶의 의미를 찾기도 하죠. 그런데 모든 사람이 태어난 나라에서 계속 살진 않아요. 직장, 학교, 결혼, 전쟁, 정치적 탄압 등의 이유로 다른 나라로 이주하는 사람들이 있지요. 그러다 보니 자연스럽게 세계의 많은 나라가 자연스럽게 다문화 사회로 발전했어요.

다문화 사회는 다른 인종, 민족이 함께 어울려 살면서 다양한 문화가 공존하는 사회를 말해요. 우리나라도 다문화 사회의 문 앞에 있어요. 문 앞에 있다고 하는 이유는 우리나라는 아직 완전히 다문화 사회가 되었다고 할 수 없기 때문이에요. 다문화 사회가 되려면 외국인이 전체 인구의 5%를 차지해야 해요. 그런데 우리나라에서 사는 외국인은 5%에서 조금 부족해요.

다문화 사회는 그 사회의 문화를 풍요롭게 만드는 장점이 있어요. 하지만 문화적 차이로 인해 서로 갈등을 겪을 수도 있어요. 이는 다른 문화를 인정하지 않는 편협한 시각 때문에 발생하는 일이에요. 우리는 우리와 다른 걸 인정하고 받아들이는 자세가 필요해요.

 인형 가게의 유나 언니

　인형 가게는 밖에서 본 것보다 넓었어요. 문을 사이에 두고 양쪽 벽면엔 예쁘고 귀여운 인형들을 둔 진열대가 있었어요. 문 맞은편에는 테이블이 있는데, 그 위에는 딸기 케이크와 코코아가 있었어요.
　"저기 앉아."
　초록 머리의 여자는 분홍색 소파를 가리키며 말했어요.
　"네……. 그, 그런데 저한테 왜 케이크를 주시는 거예요?"
　수정이가 조심스럽게 물었어요.
　"혼자 먹기엔 너무 커서."
　수정이는 고개를 갸웃거렸어요. 딸기 케이크는 조각 케이크라 그렇게 크지 않았어요. 어른이 혼자 먹기에 적당해 보였죠.
　하지만 이 말을 하지는 않았어요. 초록 머리의 여자가 케이크를 좋아하지 않는 사람이라면, 이것보다 작은 케이크라도 크다고 느낄 수 있을 테니까요.
　"케이크 좋아해. 그런데 같이 먹는 걸 더 좋아해. 케이크는 아무리 맛있는 거라도 혼자 먹으면 맛이 없게 느껴지거든."
　수정이는 살짝 놀란 눈으로 초록 머리의 여자를 쳐다봤어요.
　"내 생각을 읽었어요?"

초록 머리의 여자는 소리 내어 웃었어요.

"네 생각을 어떻게 읽어?"

"그런데 어떻게 내가 생각하는 것을 알았어요?"

"네 표정. 표정에서 다 드러나. 대화는 말로만 하는 게 아니야. 때로는 표정으로도 하지."

"아, 네……."

"그리고 대화는 사람하고만 하는 것도 아니야. 개와 고양이와도 하고……. 인형과도 하지."

"아, 네……. 네?"

수정이는 깜짝 놀란 나머지 들고 있던 포크를 그만 떨어뜨리고 말았어요.

"난 유나. 유나 언니라고 불러. 공감 능력이 뛰어난 우리 엘사도 그렇게 부르니까."

"에, 엘사를 알아요?"

유나는 고개를 끄덕였어요. 뒤이어 엘사에게 말했어요.

"너도 여기 와서 앉아."

엘사는 마치 한 마리 나비처럼 날아 유나 바로 옆에 앉았어요. 수정이는 그 모습을 놀란 눈으로 쳐다봤어요.

오늘 아침은 정말 이상한 날이에요. 그 어느 때보다 슬픈데 그 어느 때보다 놀라운 일이 많이 일어났죠. 그런데 정말 이상한 건, 지금 수정이의 마음이었어요. 레이스 손수건으로 엘사의 눈물 자국을 닦아 주고 있는 유나에게 질투가 나는 거예요. 또, 엘사가 자기 옆이
아니라 유나 옆에 앉은 것도 섭섭했어요.

'경희도 이런 마음이었을까? 내가 자기 말고 다른 아이랑 친하게 지내려고 하는 것을 섭섭하게 여긴 걸까? 그래서 절교하자고 한 걸까?'

이런 생각이 들자 학교에 가 경희와 대화를 나누고 싶어졌어요. 대화를 나누면, 경희가 무슨 생각을 하는지도 알 수 있을 것 같았어요. 또, 자신의 마음도 솔직하게 전달하고 싶었죠. 하지만 어떻게 말을 해야 하죠? 서로 생각이 너무 다른 탓에 대화 도중 또 싸우게 되면 어쩌죠? 이런 걱정에 한숨을 쉬고 말았어요.

"아직도 아파?"

엘사가 걱정스럽게 물었어요.

"응."

수정이는 솔직하게 말했어요.

"나, 친구들과 다시 잘 지낼 수 있을까?"

수정이의 울적한 표정을 보고 유나가 말했어요.

"너무 걱정하지 마. 같이 방법을 찾아보자."

### 공감 능력 지수(EQ)

공감 능력은 다른 사람의 감정을 이해하는 능력이에요. 함께 웃거나 함께 슬퍼할 줄 아는 능력이기도 하죠. '함께 사는 세상'에서 공감 능력은 매우 중요해요. 하지만 모든 사람이 다 똑같은 공감 능력을 갖추고 있지는 않아요. 그래서 공감 능력이 어느 정도인지, 테스트를 통해 수치로 나타낸 것이 공감 능력 지수(EQ)예요.

 **대화가 필요해**

"나는 타냐랑도, 경희와 진아랑도 다 같이 잘 지내고 싶어."

수정이가 머뭇거리다 입을 떼었어요.

"왜, 뭐 때문에? 경희와 진아랑 다시 친해지고 싶어? 타냐를 차별했잖아. 그리고 너랑 절교한다고 했잖아. 나는 반대, 절대 반대!"

엘사는 수정이가 이제껏 본 적이 없는 화난 표정을 하고선 큰 소리로 말했어요. 그 때문에 수정이는 또 놀라고 말았어요.

엘사라면, '그래, 잘 생각했어. 친구와 친하게 지내야지.'라고 말할 줄 알았거든요.

"그건 그렇지만, 그래도 친구니까……."

"뭐, 걔들 아니면, 친구가 없나? 나랑 유나 언니가 있잖아."

"유나 언닌……."

수정이는 유나를 힐끗 보며 어렵게 말을 꺼냈어요.

"오늘 처음 만났는걸."

"그래도 친구야."

엘사가 고집스럽게 대꾸했어요.

"같이 맛있는 케이크도 먹었잖아. 친구가 되는데 시간은 중요하지 않아."

"하지만……. 너나 유나 언니는 학교에 없잖아."

학교는 수정이가 가장 많은 시간을 보내는 곳이에요. 그곳에서 공부하고, 밥도 먹고, 놀기도 하죠. 그런데 친구가 없다면, 정말 괴로울 거예요.

"그럼 내가 학교……."

엘사는 말을 끝내지 못했어요. 그때까지도 둘의 대화를 가만 듣고 있던 유나가 엘사의 입을 살짝 막았기 때문이에요.

"오늘 진짜 학교에 가지 않을 거야?"

유나가 물었어요.

"…… 모르겠어요."

"네가 학교에 가지 않으면 선생님과 아이들이 걱정할 거야. 그리고 선생님은 네 부모님에게 전화해서 어떻게 된 일인지 물어볼 거야. 전화를 받은 부모님은 네게 무슨 일이 생긴 줄 알고 엄청 걱정하시겠지?"

"……."

"지금 재보고 학교 가라는……."

유나의 손에서 탈출한 엘사가 수정이 대신 말했어요. 하지만 이번에도 말을 끝내지 못했어요. 유나가 다시 엘사의 입을 막았거든요.

"케이크 다 먹었지? 그럼 가자."

"네?"

"학교까지 데려다줄게."

"나도, 나도."

엘사가 재빨리 말했어요.

"넌, 여기서 가게 지켜야지."

유나의 말에 엘사는 입술을 삐죽 내밀었어요.

"이상해요."

수정이가 말했어요.

"뭐가?"

유나가 물었어요.

"나하고만 있을 땐 엘사는 정말 어른스러웠어요. 그런데 유나 언니가 있으니 어린아이 같아졌어요."

수정이의 말에 유나는 유쾌하게 웃었어요. 반면, 엘사는 짐짓 허리에 손을 올리고 "뭐?"라고 말했어요.

"너도 그렇지 않아? 아빠나 엄마 앞에선 재롱도 부리고, 떼를 쓰기도 하고, 갖고 싶은 물건이 있으면 사 달라고 조르기도 하잖아. 하지만 선생님에겐 그러지 않지. 그리고 친구들과 있을 땐 어른처럼 굴 때도 있을 거야. 나와 상대방이 어떤 관계이냐에 따라 내 행동이나 말투도 달라지지. 그래서 사람 관계가 어렵기도 해. 부모님에게 하듯

이 친구에게 할 수도 없고, 부모님에게 바라는 것과 같은 것을 친구에게 바랄 수도 없고. 형제처럼 친구와 사이좋게 지내고 싶지만, 진짜 형제는 아니기에 어렵고, 조심해야 할 것도 많고. 무엇보다 지금처럼 갈등이 있을 땐, 어떻게 대화를 해야 할지 모르겠고."

"어? 진짜 내 생각을 읽는 게 아니에요?"

"하하하. 내가 무슨 마녀도 아니고. 네 표정에서 드러나. '나 지금 몹시 걱정돼요. 학교에 가서 친구랑 어떻게 갈등을 풀어야 할까요? 어떻게 대화하면 좋을까요?'라고 생각하는 게 표정으로 딱 보여."

"네. 정말, 정말 걱정돼요. 이러다 진짜 친구들과 멀어질까 봐. 이러다 진짜 학교에서 외톨이가 될까 봐. 그래서 친구들과 대화하고 싶은데……."

"그럴 마음이 있으면 먼저 말을 걸어 봐."

"하지만 억울해요. 아무리 생각해도 내가 잘못한 건 없는데……. 절교라는 말도 걔들이 먼저 했는데……."

"그럼 먼저 말을 걸지 마."

"그건 싫어요. 아무 노력도 하지 않고, 친구를 포기하고 싶지 않아요."

"그럼 먼저 말을 걸어 봐."

"그건……."

수정이는 멈칫했어요.

"저보고 어쩌라는 거예요?"

"네 마음이 원하는 대로 하라는 거야. 친구와 갈등을 풀기 위한 대화에서 가장 중요한 건 네 진심이야. 진심이 없는 대화는 아무 힘이 없어."

"아!"

"그래서 넌 어떻게 하고 싶은데?"

수정이는 잠시 생각하다 말했어요.

"친구들과 진심으로 대화하고 싶어요. 내 마음도 전하고, 친구들 마음도 알고 싶어요. 화해하고 싶어요."

"그래, 넌 잘해 낼 수 있을 거야. 엘사, 너도 그렇게 생각하지?"

엘사는 고개를 끄덕였어요.

"응. 수정인 잘할 거야. 그런데, 수정아. 혹시 원하는 대로 되지 않았다 해도 너무 속상해 하지 마. 네 잘못이 아니야."

수정이는 말없이 고개만 끄덕였어요. 둘이 건네준 따뜻한 말에 괜히 눈시울이 붉어졌어요.

## 소통과 이해

사람은 다 달라요. 외모도 다르고, 생각도 달라요. 또, 자라 온 환경도 다르고 살아온 경험도 달라요. 하지만 우린 서로를 인정하고 이해해요. 그럴 수 있는 건 서로 소통하기 때문이에요. 소통은 서로의 생각이나 감정 등의 정보를 주고받는 과정이에요. 소통은 크게 언어적 소통과 비언어적 소통으로 구분할 수 있어요. 언어적 소통으로는 말과 글이 있고, 비언어적 소통으로는 몸짓, 표정, 말투 등이 있어요.

우리는 대화를 나눌 때, 상대방의 말에만 주의를 기울이지 않아요. 그 말을 하는 상대방의 몸짓, 표정, 말투 등을 종합적으로 파악해요. 또, 이메일이나 문자같이 글을 주고 받을 때도 문장의 억양, 이모티콘 등을 전체적으로 보며 상대의 뜻을 알아차리지요.

말을 하는 사람(글을 쓰는 사람)은 자기 생각이나 감정을 잘 전달하기 위해, 말을 듣는 사람(글을 읽는 사람)은 상대방의 생각이나 감정을 제대로 이해하기 위해 비언어적 소통도 함께 사용하는 거예요.

의사소통이 잘 되면 서로를 더 쉽게 이해할 수 있어요. 서로에 대한 이해가 높아질수록 갈등은 줄어들고, 친밀한 관계를 만들 수 있어요. 그래서 원활한 의사소통은 매우 중요해요.

# 서로를 이해하는 힘, 대화

## 대화는 무지에서 벗어나는 일

대화는 사람들이 서로 소통하는 방법 중 하나예요. 내 생각을 말할 수 있고, 다른 사람의 생각을 들을 수 있죠. 그러다 보면, 그동안 몰랐던 사실도 알게 돼요. 사람은 아는 것이 많을수록 더 많은 것을 이해하게 된답니다. 그래서 고대 철학자 소크라테스는 대화를 '무지에서 벗어나는 방법'으로 설명하기도 했어요.

## 대화를 잘하는 법

미국의 작가이자 강사인 데일 카네기는 자기 계발서인 《인간관계론》에서 대화를 잘 하는 법에 대해 이렇게 말했어요.

- 상대방의 의견을 존중하고 절대로 틀렸다고 말하지 말라.
- 잘못했으면 신속하고 확실하게 인정하라.
- 우호적인 태도에서 출발하라.
- 상대방으로 하여금 많이 이야기하게 만들어라.
- 상대방이 당신의 생각을 자신의 생각인 것처럼 느끼게 만들어라.
- 상대방의 욕구와 생각에 공감하라.

### 상대의 눈을 보고 말하는 게 좋아요

수정이는 사실 나쁜 버릇이 있어요. 친구가 말을 하는 동안에 다른 생각을 하는 거죠. 그래서 가끔 "으, 응."이라고 건성으로 대답하기도 해요. 또, 어떨 때는 핸드폰을 보면서 대화를 하기도 하죠. 그래서 수정이는 곧잘 이런 말을 듣곤 해요.

"내 말 듣고 있어?"

그럼 수정이는 이렇게 대답해요.

"듣고 있어. 계속 말해. 귀로 듣고 있다니까."

수정이는 말을 듣는다는 건 귀로만 듣는 것으로 생각한 거예요. 하지만 말을 듣는다는 건 상대의 눈을 보고 표정을 읽는 것까지 포함돼요.

### '나만 옳아.'라는 생각을 하지 않도록 해요

"나는 옳아. 경희가 틀린 거야." 수정이는 가끔 자신만이 옳다고 생각해요. 그래서 다른 사람의 생각을 무시할 때가 있어요. 그런데 우리 모두 늘 바른 생각만 하는 건 아니에요. 옳을 때도 있고, 틀릴 때도 있어요. 또, 어떤 일은 옳거나 틀린 것으로만 단정할 수 없어요. 예를 들어 볼까요?

경희 : 게임은 재미있어.
수정 : 게임이 뭐가 재미있어? 게임은 시간을 빼앗는데.

수정이는 게임은 재미없다고 생각해요. 하지만 경희는 게임을 재미있어 해요. 이 두 사람 중 누가 옳을까요? 두 사람 다 옳은 것도 틀린 것도 아니에요. 각자 생각하는 게 다를 뿐이에요.

### 내가 듣기 싫은 말은 다른 사람도 듣기 싫어해요

수정이는 "넌 키가 참 작네."라는 말을 정말 싫어해요. 그래서 누군가 그런 말을 하면 입부터 삐죽거리죠. 그런데도 수정이는 진아에게 곧잘 "너, 밥 좀 많이 먹어야겠다. 키가 너무 작아."라고 말하곤 했어요. 놀리거나 기분 나쁘라고 한 말이 아니라 순수하게 걱정이 되어서였죠. 수정이의 속마음을 볼까요.

수정 : 나는 "키가 참 작네."라는 말을 듣는 게 너무 싫어. 그런데 진아는 왜 키가 안 크지? 밥을 잘 안 먹어서 그런가? 걱정되는데 진아에게 말해 봐야지.

수정이는 '내가 듣기 싫어하는 말은 남도 듣기 싫어할 수도 있다.'는 것을 생각 못 했어요. 아무리 좋은 의도였다 하더라도요. 내가 듣기 좋은 말은 남도 듣기 좋아하고, 내가 듣기 싫은 말은 남도 듣기 싫어해요. 그래서 우리는 어떤 말을 하기 전에 먼저 '내가 이 말을 들으면 어떤 기분일까?'를 생각해 보는 것이 좋아요. 만약, '난 이런 말을 들으면 정말 기분 나쁠 것 같아.'라고 생각했다면, 그 말을 다른 친구에게 하지 않는 것이 좋겠죠?

 # 토론왕 되기

## 들어 주는 것도 대화라고?

 넌 사람들의 이야기를 주로 들어 주잖아. 정말 모든 사람의 말에 귀를 기울여. 그런데 넌 왜 듣기만 하는 거야?

그냥, 난 다른 사람의 말을 들어 주는 게 좋아.

 하지만 대화는 서로 말을 주고받는 거잖아. 유나 언니는 어떻게 생각해요?

대화를 하는 이유는 서로의 생각을 알고, 소통하기 위해서야. 먼저 다른 사람의 말을 듣지 않으면, 그 사람이 무슨 생각을 하는지 알 수 없어. 그러니까 말하는 것도 대화이고, 들어 주는 것도 대화야.

아! 정말 그러네요. 어쩌면 다른 사람의 이야기를 들어 주는 건 특별한 재주일지도 몰라요.

수정이 네 말이 맞아. 누구나 다 진심으로 다른 사람의 말을 들어 주지는 않아. 하지만 엘사는 정말 진심으로 들어 주지. 따뜻한 관심을 가지고 상대방의 눈을 쳐다봐 줘. 상대방의 생각을 이해하려 노력하면서. 그러니까 사람들은 자꾸만 엘사에게 말하고 싶어지는 거야. 말하다 보면 마음이 편해지거든.

**나도 토론왕**

대화는 '마주 대하여 이야기를 주고 받음'이라는 뜻입니다. 우리는 서로의 생각을 알고 소통하기 위해 대화를 하지요. 그러나 말하는 사람만 있다면, 혹은 들어 주는 사람만 있다면 대화가 잘 이루어지지 않겠지요? 여러분은 친구들과 대화를 할 때 주로 들어 주는 쪽인가요, 말하는 쪽인가요? 그럴 때마다 상대방에 대한 관심을 가지고 상대방을 이해하려고 노력하나요?

# 퀴즈 ?

이치에 맞지 않는 오류에는 여러 종류가 있어요.
관련된 내용을 읽어 보고 초성을 참고해 알맞은 단어를 적어 보세요.

모든 것을 흑이 아니면 백으로 보는 오류입니다. 이분법적 사고와 굉장히 친한 짝꿍이기도 한답니다.

ㅎㅂ ㄴㄹ의 오류

------

정답: 흑백 논리

## 3장

# 서로에게 상처 주지 말아요

## 🌸 상처받은 아이들

　수정이는 유나 덕분에 늦게나마 학교에 올 수 있었어요. 교문 안으로 들어설 땐 유나에게 "괜찮아요. 잘할 수 있어요."라고 말하기도 했어요. 하지만 교실 앞에 도착하자 괜찮지가 않았어요. 경희와 진아에게 어떻게 말을 걸어야 할지도 모르겠고, 또 말을 걸었을 때 무시당할까 봐 겁이 났어요.

　'뭘 겁내는 거야, 바보. 용기 내.'

　수정이는 심호흡하고선 교실 안으로 들어섰어요. 그러자 경희와 진아가 깔깔 웃으며 장난치는 모습이 보였어요.

　'1교시 내내 내가 없었는데도 걱정 안 한 거야?'

속상한 마음에 고개를 푹 숙이고 말았어요. 그런데 그때, 누군가 교실 안으로 들어서면서 수정이의 어깨를 툭 쳤어요.

"아야!"

깜짝 놀란 수정이가 돌아봤어요. 같은 반 친구인 남수였어요. 남수는 미안한 기색은 전혀 없이 눈을 부릅뜨고 수정이를 노려봤어요.

"뭐? 왜?"

수정이는 아무 말도 하지 않았어요. 남수가 무서워서가 아니에요. 남수의 뺨 한쪽이 빨갛게 부어 있는 걸 봤기 때문이에요.

'누구한테 맞은 거지?'

수정이는 자기 자리로 가 앉는 남수 뒷모습을 쳐다봤어요.

수정이는 그 날 오후, 남수 뺨이 부은 이유를 알게 되었어요.

학교에서 나와 집으로 가는 길이었어요. 골목에서 사람이 맞는 소리가 들리는 거예요.

"어……. 남수잖아."

남수는 중학생으로 보이는 오빠들에게 맞고 있었어요.

'어… 어쩌지, 어쩌지?'

수정이는 슈퍼맨처럼 짠 나타나 '야, 너희들 뭐 하는 거야?'라고 말하고 싶었어요. 그런데 이상한 일이에요. 자꾸 자신이 뒷걸음을 치는 거예요. 그러다 휙 몸을 돌려 집 쪽으로 뛰기 시작했어요. 심장이 두근거렸어요. 남수를 때린 아이들이 자기도 때릴까 봐 겁이 났어요. 그때였어요. 누군가 뒤에서 수정이의 가방을 잡았어요.

"으악!"

수정이는 비명을 지르고 말았어요.

"아! 미안. 놀라게 할 생각은 없었는데."

돌아보니 자기보다 더 놀란 것 같은 표정을 짓고 있는 타냐가 있었어요.

"아, 아니, 괜찮아. 그런데…… 너도 봤어?"

수정이가 물었어요.

"뭘?"

"조금 전에…… 남수가……."

"남수?"

"아, 아니야."

수정이는 조금 전 있었던 일을 사실대로 말하고 싶었어요. 하지만 어쩐지 그러면 안 될 것 같았어요.

"걱정했어."

타냐가 말했어요.

"아! 오늘 내가 좀 많이 늦긴 했지."

"아팠어?"

"조금. 그런데 지금은 괜찮아."

"사실은 아까 교실에서 묻고 싶었는데, 네 친구가 싫어할까 봐 못 물었어. 그리고 너한테 사과도 하고 싶었는데……."

"사과? 무슨 사과?"

"나 때문에 네가 친구들과 멀어졌잖아."

수정이는 깜짝 놀랐어요. 타냐가 이런 생각을 하고 있을 거라곤 상상도 못 했거든요.

"아니야, 너 때문 아니야. 그리고 곧 다들 사이좋게 지낼 수 있을 거야."

"정말?"

"응."

수정이는 타냐에게 웃어 주었어요. 하지만 마음은 정말 복잡했어요. 오늘만 해도 경희, 진아와 대화는커녕 말도 한마디 나누지 못했어요. 심지어 경희와 진아는 수정이를 내내 유령 취급했어요. 눈조차 마주치지 않았죠. 그래서 마음이 복잡했는데, 남수가 중학생 오빠들에게 얻어맞는 것까지 본 거예요. 같은 반 친구가 위기에 빠져 있는데도 도망부터 친 자신이 너무 부끄러웠어요.

'친구들과 어떻게 화해해야 하지? 남수는 또 어떡하지? 난 도대체 어떻게 해야 좋지?'

## 신체적 폭력과 정신적 폭력

**신체적 폭력**

신체적 폭력은 누군가가 다른 누군가의 신체에 해를 가하는 거나 재산상의 손해를 입히는 거예요. 옷이나 물건 망가뜨리기, 때리기, 밀기, 차기, 찌르기, 침 뱉기 등의 행동이지요. 중학생 형들이 남수를 때린 건 신체적 폭력이에요.

**정신적 폭력**

정신적 폭력은 다른 사람의 감정에 상처를 내는 거예요. 정신적 폭력을 당한 사람은 마음에 큰 상처를 입어요. 그런데 마음의 상처는 눈에 보이지 않아요. 그래서 치료하지 못하고 그냥 넘어갈 때가 많아요. 치료 시기를 놓친 상처는 쉽게 사라지지 않아요.

### 🌸 타냐를 통해 보는 세상

수정이는 지난 사흘 동안 인형 가게에 가지 않았어요. 친구들과 화해를 한 후에, 기분 좋은 얼굴로 가고 싶었기 때문이에요.

모스크바

하지만 오늘도 그러긴 어려울 것 같았어요. 경희와 진아는 여전히 수정이에게 눈길 한 번 주지 않았죠. 그렇다고 수정이가 외톨이로 지냈던 건 아니에요. 같은 반의 다른 친구와 수다를 떨기도 했고, 타냐와 함께 밥을 먹고 놀기도 했어요. 타냐와 보내는 시간이 많아질수록 타냐에 대해서도 더 많이 알게 되었어요.

타냐의 엄마는 러시아인이에요. 러시아는 대서양 연안의 북부 아시아에 있어요.

우드무르트

러시아 영토는 세계에서 가장 넓어요. 그래서인지 민족 구성도 다양해요. 약 185개의 민족이 살고 있어요. 러시아에서 가장 많은 민족은 슬라브족이에요. 이들은 전체 인구의 85%를 차지해요. 다른 민족들은 소수 민족이에요. 소수 민족은 여러 민족으로 이루어진 나라에서 상대적으로 인구가 적은 민족이에요. 언어나 관습, 문화도 다르죠. 타냐의 엄마는 러시아의 소수 민족 중 하나인 우드무르트인이에요. 우드무르트인은 러시아의 볼가강 유역에서 주로 사는데, 다른 민족에 비해 빨간 머리가 많다고 해요.

수정이는 타냐와 대화를 나누는 게 즐거웠어요. 러시아, 소수 민족, 우드무르트인 등에 대해 알게 된 것도 너무 좋았어요. 지식이 많아지고, 시야는 더 넓어지는 것 같았어요. 그리고 다른 나라나 다른

민족에 대해 더 알고 싶다는 생각도 들었어요. 세상에 대해 많이 알면 알수록 세상을 더 많이 이해할 수 있을 것 같았거든요.

"그런데 넌 한국에 어떻게 오게 된 거야?"

타냐와 점심을 맛있게 먹던 수정이는 문득 궁금해져서 물었어요.

"엄마가 천문 우주학자신데, 한국 연구소에서 일하시게 되었거든."

"그럼 아빠는 무슨 일을 하셔?"

"아빠는 가정주부야."

"뭐?"

"아빠는 집안일을 하고, 우리들을 보살피는 게 좋대."

"와, 특이하다."

"뭐가?"

"원래 아빠가 일하고, 엄마는 집안일 하는 건데……."

"원래?"

타냐가 고개를 갸웃거리며 묻자, 수정이는 순간 자신이 뭔가 잘못 생각했다는 걸 깨달았어요.

'원래라니. 그런 게 어디 있어? 자기가 좋아하는 걸 선택해서 살면 되는 거 아닌가?'

이런 생각이 들자 수정이는 재빨리 손을 저으며 말했어요.

"실수! 지금 말은 잊어 줘. 다시 생각해보니까, 남자는 이 일을 하고, 여자는 저 일을 해야 하는 법은 없는 것 같아. 자기 하고 싶은 일을 하면 되는 거지."

"응. 우리 엄마 아빠도 그렇게 말했어. 하지만 혼자 사는 게 아니기에 자기 하고 싶은 일만 할 수는 없다고. 서로를 있는 그대로 이해해 주고, 서로에게 상처 주지 않도록 조심해야 한다고 했어. 그래야 가족이 화목해질 수 있다고."

"너희 부모님 정말 멋지구나."

"헤헤. 나도 그렇게 생각해."

수정이는 타냐와의 대화에 푹 빠져 있었어요. 그래서 경희와 진아가 자신을 보고 있다는 것도 알아차리지 못했어요.

"아! 맞다. 저번에 떡볶이 먹으러 가려다 못 갔잖아. 혹시 매운 거 먹을 수 있어?"

수정이가 물었어요.

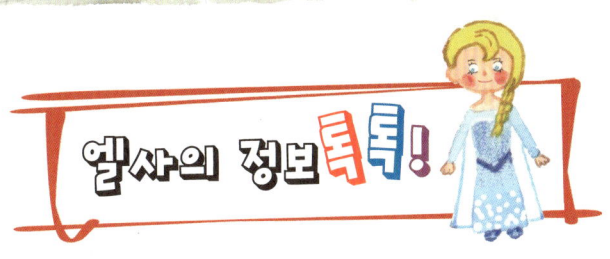

## 아는 만큼 보이는 세상

'우물 안 개구리'는 세상이 얼마나 넓은지 알지 못해요. 우물 속에서만 살아서 세상을 본 적이 없거든요. 그래서 누군가 우물 밖에 다른 세상이 있다고 알려 주면, 이렇게 말할 수도 있어요.
"에이, 거짓말 마. 그런 게 어디 있어? 세상은 여기뿐이야."
만약 우리가 우물 안 개구리를 만나면, 몹시 답답할 거예요. 자기가 본 것만 알고 있으니 다른 것에 대해 말해 줘도 믿질 않으니까요. 그런데 개구리만 우물 안에 갇혀 있을까요? 우리도 우물 안에 갇혀 있는 것은 아닐까요?
우물 밖 세상이 얼마나 넓은지 알기 위해선 우물 속에서 빠져나와야 해요. 세상에 호기심을 가지고, 더 많은 것을 알고자 노력해야 해요. 책을 많이 읽고, 뉴스를 유심히 보고, 생각을 많이 하는 것도 세상을 이해하는 방법이에요. 모든 것을 다 경험할 수는 없지만, 책, 뉴스, 생각을 통해 자신의 세상을 더 넓게 만들 수는 있어요.

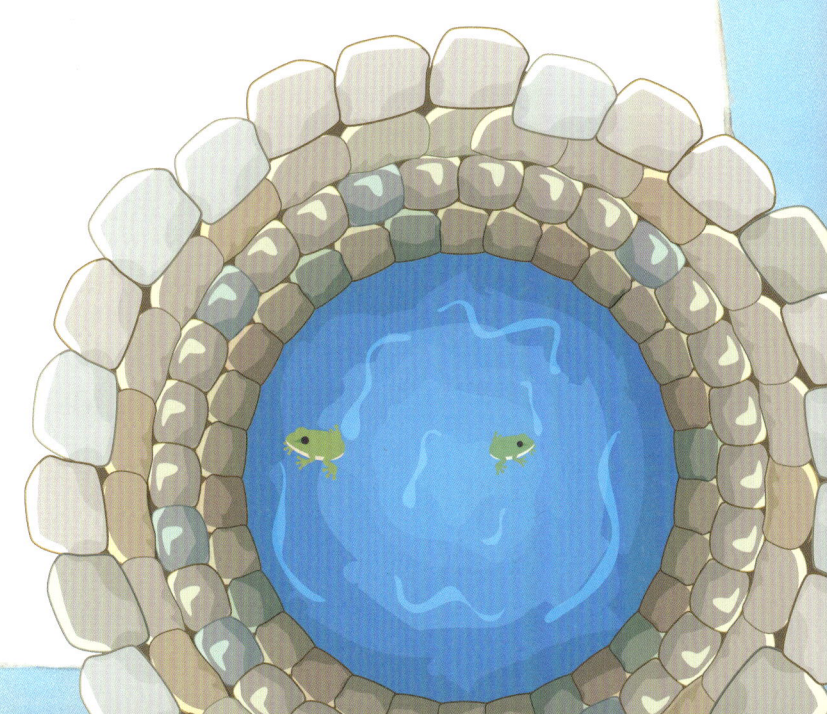

"응. 잘 먹어."

"잘 됐다. 그럼 오늘 수업 마치고 가자."

"응."

수정이와 타냐는 서로 쳐다보며 환하게 웃었어요. 그 순간, 경희는 식판을 들고 벌떡 일어났어요. 진아는 한숨을 푹 내쉬며 경희의 뒤를 쫓았어요.

## 하나보다 둘이 낫잖아

수정이는 타냐와 학교에서 조금 떨어진 곳에 있는 분식집에 갔어요. 학교 바로 옆에도 분식집이 있었지만, 둘은 약속이라도 한 듯 그

곳엔 들어갈 생각을 하지 않았어요.

'경희나 진아와 마주치기라도 하면, 내가 곤란해질까 걱정하고 있구나.'

수정이는 이렇게 생각했어요. 지난 며칠 교실이나 복도, 운동장에서 타냐와 함께 이야기 나누고 놀았어요. 수정이는 경희와 진아가 그 모습을 못 봤을 리 없다고 생각했죠.

타냐와 친구가 되었다고 해서 경희와 진아를 친구로 생각하지 않는 게 아니에요. 또, 경희와 진아에게 몇 번이나 말을 걸려고도 했었어요. 그때마다 경희와 진아는 코웃음을 치고 다른 곳으로 가 버렸죠. 그렇다 하더라도 계속 노력할 생각이었어요. 경희, 진아, 타냐 모두 친구가 되길 정말 바라고 있으니까요.

타냐와 수정이는 분식집에서 떡볶이뿐 아니라 김밥과 김말이도 먹었어요. 둘 다 점심을 양껏 먹어 배가 부른 상태인데도 계속 들어가는 거예요.

"유나 언니 말이 맞네. 같이 나눠 먹으니까 음식이 더 맛있어."

수정이는 참치 김밥을 우물거리며 말했어요.

"유나 언니?"

"인형 가게 사장님이야. 유나 언닌 머리 색이 초록색이야."

"외국인이야?"

"아니, 한국인. 초록색으로 염색한 거 같아. 그리고, 우리 엘사는……."

수정이는 재빨리 입을 다물었어요.

"엘사?"

"아…… 음……. 겨울 왕국에 나오는 엘사. 엘사 알지?"

"응."

"엘사는 예뻐. 얼굴도 마음도."

"하하하. 갑자기 뭐야, 그게."

"헤헤헤. 그렇다고."

수정이는 속으로 안도의 한숨을 내쉬었어요. 엘사의 허락도 구하지 않고 엘사 이야기를 하는 건 안 될 것 같았거든요.

"어, 저 아이 우리 반 아이인 거 같은데."

타냐가 문밖을 가리켰어요. 문을 등지고 앉아 있던 수정이가 돌아봤어요. 그러자 뭔가에 쫓기는 듯한 얼굴을 하고선 두리번거리고 있는 남수가 보였어요.

"타냐야, 미안한데, 나 지금 가 봐야 돼. 내일 학교에서 보자."

수정이는 재빨리 자리에서 일어났어요.

"그래, 내일 보자."

타냐는 당황한 기색도 없이 말했어요. 오히려 무슨 일인지는 모르겠지만 이해한다는 표정이었죠.

"고마워."

수정이는 분식집을 나섰어요. 그러자 찻길 오른쪽 골목길에 숨은 채 밖으로 고개만 내민 남수가 보였어요. 남수는 자신을 쫓는 아이들이 없다는 것을 확인하곤 슬그머니 나와 걷기 시작했어요. 수정이는 조심스레 남수 뒤를 쫓았어요. 그렇게 오 분인가를 걸었어요.

"왜 따라와?"

남수는 발걸음을 멈추고 갑자기 휙 돌아섰어요. 수정이는 움찔했어요.

"같이 집에 가려고."

수정이가 얼른 대답했어요.

"뭐?"

"둘이 있으면……."

"둘?"

"그러니까, 둘이 있으면 그 오빠들이……."

수정이의 말에 남수 얼굴이 굳어졌어요.

"그저께 네가 맞는 것을 봤어."

"그래서, 뭐? 같이 다니자고? 바보냐? 그 형들이 널 무서워하게?"

"아니, 그게 아니라······. 아무래도 혼자보단 둘이 낫지 않을까 싶어서."

"낫기는. 같이 얻어터지겠지."

"아······."

"그래서 너도 그때 도망친 거잖아. 같이 얻어맞기 싫어서."

"어, 봐, 봤어? 하지만, 그, 그건······."

남수는 수정이를 무시한 채 앞으로 성큼성큼 걸어갔어요. 수정이는 그런 남수를 붙잡지 못했어요. 남수가 한 말은 다 사실이었으니까요.

## 괴롭힘을 당하지 않을 권리

### 학교 폭력엔 어떤 것이 있을까요?
우리는 다른 사람에게 괴롭힘을 당하지 않을 권리가 있어요. 하지만 현실에선 친구를 괴롭히는 학생들이 있죠. 학교 안이나 밖에서 학생들 사이에 발생하는 폭력을 학교 폭력이라고 해요. 학교 폭력은 여러 유형으로 나뉘어요. 신체 폭력, 사이버 폭력, 언어 폭력, 따돌림, 돈이나 물건을 빼앗기, 성폭력 등이 있어요.

### 학교 폭력을 당하면 어떻게 해야 할까요?
학교 폭력을 당하는 학생은 어떻게 해야 할까요? 부모님이나 선생님에게 폭력 사실을 바로 알려야 해요. 만약 그러기 힘들다면, 1388에 연락해 도움을 요청하는 것도 한 방법이에요. 1388은 학업이나 진로, 친구 관계, 학교 폭력 등 청소년의 다양한 고민에 대해 심리 상담을 나눌 수 있는 채널이에요.

### 학교 폭력 예방 및 대책에 관한 법률

우리나라엔 '학교폭력예방 및 대책에 관한 법률'도 있어요. 그중 몇 가지만 살펴보아요.
1. 학교 폭력 현장을 보거나 그 사실을 알게 된 사람은 학교 등 관계 기관에 이를 즉시 신고해야 한다.
2. 학교 폭력의 예방 및 대책에 관련된 사항을 심의하기 위해 학교에 학교폭력대책자치위원회를 둔다.
3. 학교의 장은 학교에 상담실을 설치하고, 전문 상담 교사를 둔다.

# 정의가 있는 공정한 사회

## 정의와 사회

정의는 원래 어떠한 사람의 성격을 말할 때 사용되었어요.

> (예) 수정이는 참 정의로워.
> 진아는 정의롭진 않아.

하지만 지금은 정의를 뜻하는 범위가 훨씬 넓어졌어요. 우리가 흔히 '정의'를 말할 땐 '개인의 정의'보다 '사회적 정의'를 먼저 생각하는 경우가 많아요.

> (예) 우리 사회는 정의로울까.
> 정의롭지 못한 사회는 사람들을 힘들게 만들어.

## 철학자가 말하는 정의

### 고대 그리스 철학자 아리스토텔레스의 〈정의론〉

'정의'는 합법적이며 공정한 것을 의미해. 그런데 정의에는 두 가지가 있어. 하나는 보편적 정의고, 다른 하나는 특수한 정의야. 보편적 정의는 모든 시민이 법 앞에서 동등하다는 정의야. 사람들은 누구나 법 앞에서 동등하게 대우받아야 해. 그래야 정의로운 사회라고 할 수 있지. 하지만 모든 사람이 사회에 똑같은 영향을 미칠 수는 없어. 어떤 사람은 사회에 더 많은 영향을 미치고, 또 어떤 사람은 그렇게 하지 못하기도 하지. 그런데도 똑같이 대우한다면, 오히려 싸움이 일어날 수도 있어. 사회에 더 많은 영향을 미친 사람은 자기가 더 많은 일을 했다고 생각하니까. 그래서 말이야. 어떤 사람들은 각자가 가진 기여도에 따라 지위, 명예, 재화 등을 분배해야 한다고 말해. 이런 건 특수한 정의 중에서도 분배적 정의라고 할 수 있겠지. 어쨌든 사회 질서의 중심에는 '정의'가 있어.

### 미국의 정치 철학자 존 롤스의 〈정의론〉

흠……. 정의가 뭐냐고? 정의는 두 가지 원칙을 지켜야 해. 먼저 기본이 되는 '평등한 자유의 원칙'은 모든 사람은 평등한 권리를 가져야 한다는 것이야. 이 원칙은 절대적으로 지켜져야 해. 단, 불평등이 오히려 정의로운 경우가 있어. 이를 '기회 균등의 원칙과 차등의 원칙'으로 설명할 수 있지. 이 원칙은 직위나 직책이 모든 사람에게 공평하게 공개되어야 하고, 혜택을 받지 못한 사람들에게 더 많은 혜택이 돌아가도록 하자는 거야. 약자를 보호하기 위한 원칙이지. 이 원칙들이 지켜지는 사회를 정의롭다고 할 수 있어.

 # 토론왕 되기

## '자기 결정권'은 자기 마음대로 해도 되는 권리일까?

 진호 오빠는 남수를 괴롭혔잖아. 미안한 마음은 안 들어?

그게 왜 미안해? 난 자기 결정권을 행사한 것뿐이야. 자기 결정권은 '자기 자신에 대한 권리'를 가지는 거라고 했어.

 자기 결정권은 모두에게 있어. 남수는 맞지 않을 결정권이 있지. 그런데 남수의 자기 결정권은 무시되었어. 이건 어떻게 생각해?

알게 뭐야…….

그럼 진호 오빠는 자기 결정권이 자기 마음대로 다 해도 되는 것이라 생각하는 거야? 자기 결정권은 헌법이 보장하는 범위 안에서만 행사할 수 있어. 헌법은 다른 사람에게 폭력을 가하는 것을 금지하고 있지. 그러니까, 자기 결정권은 법을 어기지 않는 선에서 행사할 수 있는 거야.

너, 내가 법을 어겼다고 주장하는 거야?

**나도 토론왕**

진호는 자기 결정권을 이유로 폭력을 행사하며 남수의 자기 결정권을 침해했어요. 자신의 권리만큼 타인의 권리도 중요하다는 걸 생각하지 못하고 있지요. 진호에게 자기 결정권이 있다면, 남수에게도 자기 결정권이 있어요. 자기 결정권은 '내가 원하는 모든 일을 다 할 수 있는 것'이 아니에요. 그렇기에 우린 서로의 자기 결정권을 해쳐서는 안 돼요.

**퀴즈 ??**

우리 헌법은
'누구나 행복을 추구할 수 있는 권리'를 보장하고 있어요.
다음 중 빈칸에 들어갈 말로 알맞은 단어를 찾아보세요.

미국의 철학자 존 롤스는 정의가 '평등한 자유의 원칙'과
'◯◯◯◯의 원칙과 차등의 원칙'을 지켜야 한다고 말했어요.

❶ 자기 결정권
❷ 차별
❸ 기회 균등
❹ 능력

정답
❸ 기회 균등

4장

관심과 참견을 구별해요

## 🌸 힘이 있으면 괜찮을까?

"엘사, 엘사. 나 부탁이 있어. 들어줘야 해. 응? 제발."

수정이는 인형 가게로 숨차게 뛰어 왔어요. 그러곤 숨도 돌리지 않고 급하게 말했어요.

"부탁?"

엘사는 어리둥절해서 되물었어요.

"마법!"

"뭐?"

"마법 좀 가르쳐 줘. 넌 마법을 사용할 줄 알잖아. 올라프도 만들고, 궁전도 만들고. 또, 나쁜 사람들을 혼내기도 하고."

"뭐래? 그건 영화 속 엘사지. 난 인형이야."

"하지만 저번에 날았잖아."

"그냥 날 수 있을 뿐이야. 네가 걷는 것처럼."

"그, 그럼…… 지금은 마법 능력이 없는 거야……?"

"지금 없는 게 아니라, 원래 없었어."

수정이는 몹시 당황했어요. 바로 몇 분 전만 해도 '엘사의 마법만 있으면 모든 문제가 해결될 수 있어.'라고 기대했거든요. 그래서 정말 열심히 달려왔던 거예요.

"진짜…… 안 돼?"

수정이는 다시 한 번 물었어요.

"도대체 마법이 왜 필요한 건데?"

엘사가 물었어요.

"그러게. 나도 궁금하네."

유나의 목소리에 수정이가 돌아봤어요. 가게 안에서 언제 나왔는

지 유나가 바로 뒤에 서 있었어요.

수정이는 어쩔 수 없이 유나와 엘사에게 남수 일에 대해 털어놓았어요.

"그러니까, 남수를 괴롭힌 그 아이들을 무찌르고 싶다는 거지? 그것도 마법으로."

유나가 물었어요.

"맞아요. 그러고 싶어요."

수정이는 고개까지 끄덕이며 대답했어요.

"마법만 있으면 이길 수 있을 거 같아?"

"당연하죠."

"그럼 마법으로 어떻게 혼낼 건데?"

"다시는 남수를 괴롭히지 못하게 때려 줄 거예요."

"그래? 그럼 그 아이들이랑 네가 뭐가 달라?"

"네?"

"그 아이들이 나쁜 이유는 자기보다 약한 아이를 때렸기 때문이야. 그런데 너도 그 아이들과 똑같은 방법을 쓰려고 하잖아."

"아!"

"그러니까, 넌 폭력에 폭력으로 맞서려는 거잖아."

"마법이 어떻게 폭력이에요?"

"폭력이 뭔데?"

"폭력은…… 다른 사람을 괴롭히거나 제압할 때 쓰는 거라고 배웠어요."

"마법으로 다른 사람을 괴롭히면?"

"그건 폭력…… 이구나. 하지만 난 나쁜 아이들을……."

"그 아이들이 정말 나쁘다고 치자. 그럼 그런 아이들에게 폭력을 쓰는 것은 괜찮은 일이야?"

"아니요."

수정이는 부끄러워서 고개를 푹 숙이고 말았어요. 그 모습을 본 엘사가 날아와 수정이의 뺨을 살짝 어루만졌어요.

"에휴, 오늘도 마음이 아프구나. 내가 마법을 부릴 수 있다면 좋았을 텐데."

"엘사, 넌 지금까지 내가 한 이야기를 어떻게 들은 거야?"

유나가 말했어요.

"난 수정이 마음이 더 중요하단 말이야."

엘사가 톡 쏘아붙였어요. 수정이 눈엔 그 모습이 어찌나 귀여운지 그만 쿡 웃음을 터뜨리고 말았어요.

"고마워, 엘사."

"내가 뭘, 아무 도움도 못 주는데."

"아냐, 정말 도움이 많이 됐어. 유나 언니. 언니도 고마워요. 덕분에 내가 뭘 잘못 생각하고 있는지 알게 되었어요. 그런데 남수가 처한 상황을 그냥 무시할 순 없잖아요. 그러면 안 되는 거잖아요. 힘이 되어 주고 싶은데, 난 그런 힘이 없어요. 어떻게 해요? 어떻게 하면 좋을까요?"

수정이는 간절한 마음을 담아 유나를 쳐다봤어요.

"그래, 어떻게 해야 해?"

엘사도 유나가 말하기만을 기다렸어요.

## 비폭력 저항과 촛불 시위

세상의 모든 폭력은 옳지 않거나 법을 위반하는 일이에요. 상대방이 폭력을 쓴다고 해서 똑같이 폭력을 쓰게 되면 '쌍방 폭력'이 되어 버리죠. 쌍방 폭력은 일을 해결하는 방법이 아니에요. 오히려 더 큰 갈등을 가져와요. 그렇다고 폭력을 두고 볼 수만은 없겠죠? 인도의 지도자 '간디'는 폭력에 대항하는 방법으로 '비폭력 저항' 운동을 펼쳤어요. 비폭력 저항 운동은 폭력을 행사하는 사람이 스스로 무릎을 꿇게 하는 것이에요. 우리나라의 촛불 시위도 비폭력 저항 운동 중 하나예요. 정치인들이 옳지 못한 행동을 했을 때 수많은 사람이 거리로 나가 촛불을 들었어요. 어떤 사람들은 '촛불이 무슨 힘이 있어?'라고 생각하기도 했어요. 하지만 거리로 나온 사람들이 한마음으로 촛불을 들고 원하는 것을 말했어요. 결국, 정치인들은 국민의 요구를 들어줄 수밖에 없었죠.

"수정아."

"네."

"일단 선생님에게 말해 보는 건 어때?"

수정이는 '아차' 싶었어요.

'맞아. 선생님에게 말하면 되는 건데, 왜 그 생각을 못 했지?'

하지만 곧 생각을 바꿨어요.

"남수의 허락을 받아야 할 것 같아요. 내가 남수라면…… 친구가 허락 없이 내 일을 선생님에게 말하는 게 싫을 수도 있으니까요."

## 들키고 싶지 않은 비밀

"뭔데? 또, 왜 따라오는 건데?"

남수는 퉁명스레 말했어요. 오른쪽 입술 끝은 살짝 찢어져 있었죠. 어제도 중학생 오빠들에게 맞았기 때문이에요.

"선생님에게 도움을 요청하자."

수정이가 얼른 말했어요.

"싫어."

"왜, 왜 싫어?"

"그건……."

남수는 뭔가를 망설이는 눈치였어요.

"그러니까, 왜?"

수정이가 다시 물었어요.

"창피하니까."

남수는 수정이의 눈을 피하며 중얼거렸어요.

"뭐?"

"창피하다고!"

"아!"

"들키고 싶지 않다고. 중학생 형들에게 맞는 일 같은 거. 그런데 너한테 들켰잖아. 그것만으로도 창피해 죽겠는데…… 선생님께 말하자고? 선생님이 알면, 우리 부모님도 알게 돼. 그럼 내가 뭐가 돼? 우리 부모님은 또 얼마나 걱정할 거야?"

"아, 미안. 그 생각까지는……."

"안 했겠지. 네 일이 아니니까."

"아냐. 그래서가 아니라……."

"그래서든, 저래서든. 그냥 내 일에 참견 마. 내가 얻어터지든 말든 네가 상관할 일 아니잖아!"

발까지 동동 구르며 소리치는 남수의 눈에 순식간에 눈물이 고였어요.

"미안……."

수정이도 그만 울먹이고 말았어요.

"뭐, 뭐야, 뭐가 미안해? 네가 왜 울어?"

남수가 놀라서 물었어요.

"흑………."

수정이는 그만 그 자리에 주저앉아 큰 소리로 울고 말았어요.

"야, 일어나, 울지 마."

당황한 남수는 수정이의 손을 잡고 일으켜 세우려 했어요. 그때였어요. 누군가가 남수를 세게 밀쳤어요. 그 바람에 남수는 중심을 잃고 넘어져 버렸어요.

"뭐 하는 거야? 수정이 괴롭히지 마!"

깜짝 놀라 고개를 든 수정이 앞에는 경희와 진아가 서 있었어요. 경희는 잔뜩 화가 난 표정으로 남수를 노려보고 있었어요.

"괜찮아?"

진아는 수정이를 보호하려는 듯 안아 주며 물었어요.

"응. 난 괜찮은데……."

"쟤가 많이 괴롭혔어?"

이번엔 경희가 물었어요.

"아니야, 오해야. 내가 괴롭혔어."

수정이가 재빨리 말했어요.

"남수는 아무 잘못 없어. 내가 싫다는 남수를……."

"뭐? 너, 남수 좋아하냐?"

경희가 놀라서 되물었어요.

"정말? 그런 거였어?"

깜짝 놀란 진아의 목소리가 높아졌어요.

"뭐래?"

"뭐래?"

수정이와 남수는 동시에 소리쳤어요.

수정이는 친구들에게 그동안의 일을 솔직하게 다 말할 수밖에 없었어요. 남수는 수정이가 말하는 내내 어두운 표정으로 듣고만 있었죠. 경희가 "때려서 미안, 정말 미안."이라고 말했을 때도 그냥 고개만 끄덕였어요. 그러곤 별말 없이 등을 돌리고 가 버렸어요.

"남수, 어떡해?"

남수의 뒷모습이 보이지 않게 되자 진아가 중얼거렸어요.

"그런 줄도 모르고……. 나까지 남수를 때려 버렸네."

경희는 한숨까지 푹 쉬었어요.

"남수를 도울 방법이 없을까?"

수정이가 혼잣말처럼 물었어요.

"쟤랑 친하지도 않잖아. 그리고 쟤도 네가 끼어드는 건 싫어할걸. 그냥 모른척해."

경희가 말했어요.

"어떻게 그래. 남수는 누군가 자신을 도와주기를 원하고 있을 거야. 다만 말을 못 할 뿐이지."

"네가 그걸 어떻게 알아?"

"내가 남수라면…… 그랬을 거니까."

"하지만 넌 남수가 아니잖아."

"그렇긴 하지만……."

수정이는 말하다 말고 그만 웃음을 터뜨리고 말았어요.

"왜 웃어?"

경희가 물었어요.

"너희들, 알고 있어?"

"뭘?"

진아가 물었어요.

"우리가 알아야 하는 게 또 있어?"

경희가 살짝 긴장된 표정으로 물었어요.

"우리 절교했었잖아. 그런데 지금 같이 있어."

"앗!"

경희와 진아는 동시에 깜짝 놀라 소리를 질렀어요. 그러곤 동시에 두 눈을 끔벅거렸어요. 뭔가 말하고는 싶은데 딱히 할 말을 찾지 못해 버퍼링이 걸린 것 같았어요.

"이왕…… 이렇게 된 거……."

진아가 먼저 이렇게 말하며 경희의 허리를 쿡 찔렀어요.

"절교 취소. 그런 말 해서 미안."

경희는 눈을 질끈 감고선 빠른 속도로 말했어요.

"그동안 경희가 후회 많이 했어. 그리고 나도. 미안."

진아까지 사과하자 이번엔 수정이가 버퍼링에 걸리고 말았어요. 지난 며칠 계속 친구들과 화해하기 위해서 어떻게 해야 하는지 고민했는데, 그 고민이 갑자기 해결되어 버렸어요. 그리고 친구들도 자기와 같은 고민을 하고 있었다는 걸 알게 되었죠.

"고마워. 나, 너희랑 화해할 수 있어서 너무 기뻐. 근데 있잖아……
우리 화해한 기념으로 너희한테 부탁하고 싶은 게 있어."

"응? 뭔데?"

"나 소원 하나만 들어줘."

수정이가 의미심장한 미소를 지으며 말했어요.

### 사생활 보호권과 사생활 보호권 침해

사생활 보호권은 '개인의 사생활이나 집안의 사적인 일 등이 남에게 알려지지 않거나 간섭을 받지 않을 권리'를 말해요. 남수는 자신에게 일어난 일에 대해 다른 사람들이 아는 것을 싫어하죠. 이것 역시 남수의 '사생활 보호권'이에요. 만약, 수정이가 남수의 동의 없이 남수의 일을 공개적으로 말한다면, 그건 사생활 보호권 침해가 되어 버려요.

## 🌸 오늘 하루 타냐와 놀아 보기

친구들과 화해한 다음 날 아침이었어요. 수정이는 그 어느 때보다 가벼운 마음으로 교실 안으로 들어섰어요.

"수정아. 안녕."

먼저 와 있던 타냐가 인사했어요.

"타냐, 안녕."

"오늘은 기분이 좋아 보여. 무슨 좋은 일 있었어?"

타냐가 물었어요.

"어제 친구들과 화해했어."

"아……. 축하해."

말과 달리 타냐의 표정은 어두웠어요.

"그럼 이제부터 나하곤 놀면 안 되겠다……."

"무슨 말이야?"

"네 친구들은 날 싫어하잖아. 나 때문에 친구들과 싸운 거고."

"아! 그렇다고, 내가 너랑 안 놀겠냐? 날 뭐로 보고."

"그게 아니라……. 그러니까, 난 괜찮아. 네가 친구들과 사이가 멀어져서 얼마나 마음 아파했는지 아니까."

"타냐, 너도 내 친구야. 그리고 곧 경희와 진아도 너와 좋은 친구가 될 수 있을 거야."

"정말 그렇게 생각해?"

"당연하지. 내가 어제 화해 기념으로 소원 하나만 들어 달라고 부탁했거든."

"소원?"

"응. '오늘 하루 타냐와 놀기' 소원. 친구들은 네가 얼마나 좋은 아이인지 모르잖아. 일단 서로에 대해 아는 게 중요하다고 생각했어. 모르니까, 뭘 좋아해야 하는지도 모르잖아. 두려운 마음부터 생기는 거지. 너도 내 소원 들어줄 거지? '오늘 하루 경희, 진아와 놀기.'"

타냐는 환하게 웃으며 고개를 끄덕였어요. 그리고 신기하게도 그 순간, 경희와 진아가 함께 교실로 들어섰어요. 둘은 타냐와 함께 있는 수정이를 발견하곤 잠시 멈칫했어요. 하지만 곧 수정이 쪽으로 다가왔어요.

"안녕, 타냐."

경희가 어색해하며 말했어요.

"오늘 우리랑 놀자."

진아의 말투는 더 어색해서 마치 로봇이 말하는 것 같았어요. 하지만 수정이와 타냐는 느낄 수 있었어요. 둘 다 지금 진심으로 말하고 있다는 걸요.

타냐의 입꼬리가 씰룩거렸어요.

"좋아. 저번에 수정이랑 떡볶이 먹었던 곳 맛있던데. 너희 거기 가 봤어?"

타냐의 말에 경희와 진아는 고개를 저었어요.

"그럼 거기 가자. 김밥이랑 김말이 튀김도 엄청 맛있어."

요즘 들어 이렇게 신난 적이 없었던 수정이였어요.

수정이는 오랜만에 인형 가게에 놀러 갔어요. 엘사는 "수정이, 미워."라고 말하며 심술궂은 표정으로 진열장 안에서 나올 생각을 하지 않았어요. 유나는 수정이가 좋아하는 코코아를 맛있게 타다 주며 이렇게 말했어요.

"요 며칠 안 보여서 걱정했었어. 남수 일은 잘 해결됐니?"

수정이는 뜨거운 코코아를 후후 불다 고개를 저었어요.

"아뇨. 아직."

"선생님에게 아직 말하지 않았니?"

"네."

"남수가 계속 싫다고 하면, 내가 한번 만나 볼게."

"언니가요?"

"이런 일은 오래 끌수록 좋지 않으니까. 엘사, 너도 이쪽으로 와. 엘사가 너 많이 기다렸거든. 걱정된다고. 그런데 네가 계속 오지 않으니까 삐져 버렸어. 자길 잊은 것 같다고."

수정이는 진열대 유리창 밖만 쳐다보고 있는 엘사를 흘낏 보고는 말했어요.

"그럼 말하지 말아야겠다. 무슨 일이 있었는지."

엘사가 살짝 고개를 돌렸어요.

"무슨 일인데?"

"좋은 일."

"좋은 일? 무슨 좋은 일?"

"말하고 싶어도 너무 멀어서 말을 못 하겠네."

엘사는 잠시 망설이다 곧 수정이 쪽으로 날아왔어요.

"가까이 왔으니까 말해 봐. 무슨 좋은 일이 있었어?"

"나, 경희와 진아랑 화해했어."

"진짜? 어떻게?"

수정이 소원대로 경희, 진아, 타냐는 어제 하루 종일 같이 놀았어요. 분식집에서 떡볶이도 먹고, 놀이터에서 미끄럼틀이나 시소를 타기도 했죠. 또, 근처 공원에서 어른들처럼 산책도 했어요. 그 시간 동안 친구들은 정말 많은 이야기를 나누었어요. 경희는 타냐가 들려주는 러시아에 대해 무척 흥미 있어 했어요. 그리고 나중에 어른이 되면, 러시아뿐 아니라 세계 많은 나라를 여행하겠다는 결심을 했죠. 진아는 타냐가 러시안블루 고양이를 키운다는 걸 알고 매우 좋아했어요. 평소 진아는 푸른색이 약간 섞인 회색 털을 가진 러시안블루 고양이를 키우고 싶다고 노래를 불렀거든요. 타냐는 경희와 진아의 질문에 대답하기 바빴어요. 그리고 타냐도 경희와 진아가 호기심 많고, 잘 웃는 아이들이라는 걸 알게 되었죠.

타냐와 헤어진 후, 경희는 수정이에게 이렇게 말했어요.

"친구가 다른 나라 사람이라서 정말 좋은 것 같아. 다양한 이야기를 들을 수 있어서."

진아는 또 이렇게 말했어요.

"타냐는 정말 상냥하고 착하네. 고양이를 잘 키우는 걸 보면 알 수 있어."

엘사는 수정이의 이야기를 진지하게 들어 주었어요. 가끔 삐지기도 하고, 가끔 너무 아기같이 굴기도 하지만, 다른 사람의 말을 들어 줄 땐 정말 진지하고, 어른스러워요. 엘사는 처음부터 그랬어요. 그래서 가족이나 친구에게 차마 하지 못한 이야기도 엘사에겐 할 수 있었어요.

"이젠 네 차례야."

수정이가 말했어요.

"무슨 말이야?"

"지난 며칠 동안 넌 무슨 일을 하며 지냈어? 무슨 생각을 했어? 나도 네가 궁금해."

엘사는 피식 웃고는 말했어요.

"네가 사는 세상엔 수많은 사람이 있고, 그만큼 복잡한 일도 많

## 낯선 것에 대한 두려움

낯선 것은 처음 보거나 익숙하지 않은 것이에요. 많은 사람이 낯선 것에 호기심을 가지고 있기도 해요. 한 번도 본 적이 없는 것을 보거나 한 번도 가본 적이 없는 곳에 가는 건 재미있고, 즐거운 일이기 때문이죠. 그런데 이런 마음과 또 함께 다른 마음이 들기도 해요. 두려움이죠. 여행을 예로 들어볼까요? 수정이는 경희와 한 달 후에 캐나다로 여행을 가기로 했어요. 둘은 한국과 많이 다른 나라의 문화를 경험할 수 있다는 기대감에 들떠 있죠.

하지만 둘 다 두려움도 가지고 있어요. 낯선 나라에서 낯선 사람들을 만나고, 낯선 경험을 하게 되는 것에 대한 두려움이에요. 그곳에 뭐가 있을지, 어떤 경험을 하게 될지 모르니 적잖이 긴장하게 되죠.

유명한 독일 철학자 프리드리히 니체는 이렇게 말했어요. "새로운 것에 대한 선의, 익숙하지 않은 것에 대한 호의를 가져라." 프랑스의 철학자 장 폴 사르트르도 "인간은 정지할 수 없으며 정지하지 않는다. 그래서 현 상태로 머물지 않는 것이 인간이며, 현 상태로 있을 때 그는 더 이상 가치가 없다."고 말하며 새로운 것을 받아들이는 태도와 변화의 중요성을 강조해요. 이처럼 낯선 것에 대한 두려움을 버리면, 더 넓고 다양한 세상을 경험할 수 있어요.

을 거야. 하지만 내가 사는 세상엔 유나 언니와 너만 있어. 그래서 난 너와 유나 언니를 통해 세상을 봐. 그러니 네 얘기만 한다고 미안해할 필요 없어."

"뭐야, 너도 유나 언니처럼 내 생각을 읽는 거야?"

"내가 어떻게 네 생각을 읽어? 네 표정을 읽었을 뿐이야."

"어, 유나 언니랑 똑같은 말을 하네."

"나도 유나 언니에게 배웠으니까. 그렇지? 언니."

옆에서 둘의 이야기를 가만 듣던 유나가 고개를 끄덕였어요. 그런데 어쩐지 차분하게 가라앉은 표정이었어요.

'표정을 읽는다는 거 이런 거구나. 유나 언니, 슬퍼 보여.'

뭐라 딱 꼬집어 말할 수 없는 불안감이 든 수정이는 표정을 감추려고 고개를 살짝 숙인 채 코코아를 홀짝거렸어요.

# 함께 사는 세상

## 상호 부조를 말한 러시아의 철학자 크로포트킨

크로포트킨은 '적자생존'을 비판해요. 적자생존은 환경에 적응하는 생물만이 살아남고, 그렇지 못한 것은 도태되어 멸망한다는 법칙이에요. 하지만 우리 사회에는 치열한 경쟁만 있지 않아요. 사람들은 서로 협력하거나 서로를 도와주기도 하죠. 또, 크로포트킨은 경쟁만 하는 집단은 결코 발전할 수 없다고 봤어요.

이처럼 서로 협력하고 도움을 주고받는 것을 '상호 부조'라고 해요. 크로포트킨은 상호 부조를 발전시킨 동물 종들은 늘 수적으로 가장 우세하고 번성한다고 생각했어요.

공정한 경쟁은 지금의 나를 좀 더 나은 나로 만들 수도 있어요. 하지만 경쟁에서 이긴 사람만이 살아남을 수 있는 것일까요? 친구들과 성적을 두고 다투어야만 하는 것일까요? 또, 우리는 경쟁을 통해서만 발전할 수 있는 것일까요? 크로포트킨은 인간의 발전은 경쟁보다 상호 부조를 더 잘했기 때문이라고 말했어요. 서로가 도움을 주고받고 협력할 줄 알았기에 인간은 지금의 문명을 세울 수 있었던 것이죠. 우리도 예전부터 상호 부조를 실천해 왔어요. 또, 상호 부조는 사회 보장 제도의 밑바탕이 되기도 해요. 이런 것들로 어떤 것이 있는지 알아보아요.

### 두레
두레는 농촌에서 서로 협력해 공동 작업을 하는 풍습을 뜻해요. 농사를 지으려면 이앙, 관개, 제초, 수확 등의 작업을 해야 하는데 이러한 일들을 혼자 해내기가 버겁죠. 그래서 그 마을 사람들이 힘을 합쳐 일하는 거예요. 예를 들자면, 오늘 동네 사람들이 모두 모여 수정이네 밭에서 제초 작업을 하고 내일은 남수네 밭에서 제초 작업을 하는 식이에요. 혼자 하면 시간도 오래 걸리고 힘도 더 들지만 이렇게 같이 모여 하면 빨리 더 재미있게 일할 수도 있어요. 또, 이렇게 모든 일이 끝나면 마을 사람들이 모두 모여 잔치를 벌이기도 했답니다.

### 계
계는 오늘날까지 이어질 정도로 우리와 매우 가까운 전통이에요. 어른 중엔 '여행계', '음식계' 등을 만드는 사람들이 있어요. 여행을 가거나 맛있는 음식을 먹기 위해 가까운 친구들과 모임을 만드는 거죠. 이 모임에서 같이 돈도 모으고 계획도 세워요. 계는 바로 이처럼 사람들이 모여서 함께 무언가를 도모하는 거예요. 계는 먼 옛날 삼국 시대부터 시작되어 고려 시대에 특히 성행했다고 해요.

### 품앗이
품앗이는 힘든 일을 서로 거들어 주면서 품을 지고 갚고 하는 일을 뜻해요. 그러니까 서로의 노동력을 주고받는 것이죠. 이를테면, 수정이 집 지붕이 무너졌어요. 그럼 경희가 와서 함께 지붕을 만들어 줘요. 수정이는 경희의 힘을 빌린 거죠. 그런데 다음 날, 경희 집 담벼락이 무너졌어요. 그럼 수정이가 와서 함께 담벼락을 만들어주는 것으로 어제의 보답을 하는 거예요. 농사를 지을 때도 품앗이는 아주 유용했어요. 마을 사람들이 서로 돌아가며 일을 도와주었기 때문에 어렵고 힘든 일도 쉽게 해결할 수 있었죠.

# 토론왕 되기

## 관심은 참견에 불과한 것일까?

 안녕, 얘들아. 난 너희들과 솔직하게 얘기하고 싶은 게 있어. 지난 며칠 동안 고민한 문제가 있었거든.

혹시, 너 내가 중학생 형들에게 괴롭힘당하는 이야기를 하려는 거야?

 괴롭힘당하는 걸 보고만 있을 수 없었어. 폭력을 보고도 모른 척하면, 나도 그 폭력의 대상이 될 수 있으니까. 그래서 나는 그냥 지나칠 수가 없는 거야.

지나친 참견이야. 내 일에 상관하지 마.

 참견이 아니라 관심이야. 참견은 '나와 별로 관계없는 일이나 말 따위에 끼어들어 쓸데없이 아는 체하거나 이래라저래라 하는 것'이야. 관심은 '어떤 것에 마음이 끌려 주의를 기울이는 것'이고. 나는 네 일에 관심이 있고, 너와 함께 문제를 해결하고 싶어. 너 혼자 외롭고 힘들게 내버려 두고 싶지 않단 말이야.

 저기, 남수야. 나도 할 말이 있는데.

 뭐데?

 수정이는 너에게 닥친 일을 함께 헤쳐 나가고 싶어 하는 거야. 친구니까, 서로 도움을 주고받을 수도 있는 거잖아.

**나도 토론왕**

관심과 참견은 달라요. 수정이가 앞서 설명했듯, 관심과 참견의 차이는 상대방을 진심으로 생각하는 마음에 달려 있어요. 진심 어린 걱정과 조언, 위로는 고민을 가진 사람에게 분명 힘이 될 거예요. 여러분은 관심과 참견의 차이를 알고 있었나요? 관심과 참견의 차이에는 또 어떤 게 있을까요?

## 퀴즈 ?

빈 칸에 들어갈 알맞은 말을 채워 주세요.

우리나라 사람들은 예전부터 상호 부조를 실천해 왔어요. 두레는 농촌에서 서로 협력해 공동 작업을 하는 풍습을 뜻해요. 계는 사람들이 함께 모여서 돈도 모으고 계획도 함께 세우는 풍습이에요. ▨▨▨는 힘든 일을 서로 거들어 주면서 품을 지고 갚고 하는 일을 뜻해요.

정답: 품앗이

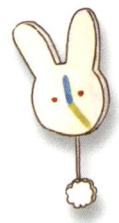

## 🌸 남수를 잡아라

 수업이 끝나자마자 남수는 허둥지둥 교실 밖으로 나갔어요. 그 모습을 본 수정이도 재빨리 책가방을 챙겨 남수 뒤를 따랐어요. 바로 몇 분 전 남수가 문자를 받고는 허옇게 질려 버린 것을 봤기 때문이에요.

 '무슨 일이 생겼구나.'

 직감적으로 알 수 있었죠.

 복도로 나갔더니 저 멀리서 뛰고 있는 남수의 모습이 보였어요.

 "남수야, 남수야!"

 수정이가 부르는 소리를 들었는데도 남수는 뛰기를 멈추지 않았어요. 그때였어요. 언제 왔는지 경희가 바로 옆에서 말했어요.

"부른다고 멈추겠냐? 쟤가."

뒤이어 진아가 수정이 옆을 쏜살같이 지나갔어요.

"진아가 잡을 거야. 쟤, 달리기 빠른 거 알고 있지?"

"진아가 달리기를 잘하는구나."

이번엔 타냐가 말했어요.

"너희들……"

수정이는 친구들이 자신과 함께하기로 했다는 것을 알아차릴 수 있었죠.

"난 다른 사람 일에 간섭하지 말자는 주의지만, 그렇다고 이기주의자는 아니야."

경희가 말했어요.

"그리고 지금 여기서 머뭇거릴 때는 아닌 것 같아. 우리도 남수 잡자."

경희는 말을 끝내자마자 뛰기 시작했어요. 수정이와 타냐도 그 뒤를 따랐죠. 셋이 뛰는 바람에 마침 복도로 나온 아이들과 부딪힐 뻔하기도 했어요.

"야! 복도에서 뛰지 마!"

누군가 뒤에서 소리치기도 했어요.

"미안, 미안."

수정이는 복도에서 뛰는 건 잘못이라는 것을 알아요. 하지만 지금은 남수가 중학생 오빠들을 만나지 못하게 하는 게 먼저라는 생각이 들었어요.

1층으로 내려가자 운동장에서 뛰고 있는 진아가 보였어요. 그리고 바로 그 앞에선 남수가 뛰고 있었어요. 둘의 거리 차이는 얼마 나지 않았어요. 얼핏 보기에도 진아가 곧 남수를 잡을 수 있을 것 같았죠.

"하아, 하아. 지, 진짜, 뭐 이렇게까지……."

잠시 멈칫하는 수정이 옆으로 경희가 쏜살같이 달려갔어요. 뒤이어 타냐도 운동장 쪽으로 달려 나갔죠. 수정이는 숨이 차서 더는 뛸

수가 없었어요. 그동안 운동을 하지 않았던 게 후회가 되었어요. 그때였어요. 저 앞에서 진아가 소리치는 목소리가 들렸어요.

"잡았다!"

뒤이어 경희와 타냐도 남수를 둘러쌌어요.

"왜 잡는 거야?"

남수가 씩씩거리며 물었어요.

"어, 그러게? 내가 널 왜 잡았을까?"

경희가 눈을 깜박거리며 되물었어요.

"뭐?"

진아는 남수를 붙잡은 손을 놓았어요.

"너희도 비켜."

경희와 타냐도 비켜섰어요.

"안돼."

그제야 도착한 수정이가 재빨리 남수를 잡았어요.

"야! 왜 이래? 진짜."

남수가 소리쳤어요.

"그래, 왜 그러는데?"

진아가 물었어요.

"뭔데, 뭔데?"

경희도 물었어요.

"남수 너, 중학생 형들이 불러서 가는 거지? 지금 가면, 또 얻어터질 거잖아. 아냐?"

수정이의 말에 친구들은 깜짝 놀랐어요.

"어, 어떻게 안 거야?"

남수가 물었어요.

"핸드폰 문자 받았을 때, 네 표정. 무서워하고 있었어."

남수는 수정이를 노려보다 곧 고개를 숙이고 말았어요.

"그래, 네 말이 맞아. 무서워······."

## 규칙과 법

규칙은 '다 함께 지키기로 정한 사항이나 법칙'을 뜻해요. 규칙은 가정, 학교, 국가 등 두 사람 이상 모여 있는 곳이라면 어디든 있어요.

가족은 사회 집단의 최소 단위예요. 그리고 그 어떤 인간 관계보다 친밀해요. 그래서 누군가는 '가정에서도 규칙이 있다고?'라며 고개를 갸웃거릴 수도 있어요. 물론 모든 가정이 똑같은 규칙을 가지고 있지는 않아요. 가정 분위기, 가족 구성원에 따라 규칙은 얼마든지 달라질 수 있어요. 이를테면, 잠은 집에서 자기, 자기 방은 자기가 치우기, 다른 가족에게 욕하지 않기 등과 같은 규칙들이죠.

학교는 수많은 학생이 함께 공부하면서도 안전하고 즐겁게 노는 공간이에요. 저마다 자기 하고 싶은 대로만 하면, 공부할 수도 없고, 안전하고 즐겁게 놀 수 없을 거예요. 그래서 학교에선 수업 시간에 떠들지 않기, 복도에서 뛰지 않기, 다른 학생을 때리지 않기 등의 규칙을 만들어요. 학교에선 이를 교칙이라 하죠. 교칙은 학생이 지켜야 할 학교의 규칙이에요.

국가는 많은 규칙을 아예 법으로 만들었어요. 법은 '국가의 강제력을 수반하는 온갖 사회 규범'이에요. 만약 누군가 법을 지키지 않는다면, 국가는 강제력을 동원해 그 사람을 재판하고, 재판의 결과에 따라 감옥에 가둘 수도 있어요.

이처럼 규칙과 법은 공동체가 평화롭고, 공정하게 유지할 수 있도록 만드는 최소한의 장치예요.

## 🌸 함께 하니까 좋잖아

　아이들은 한동안 아무 말도 하지 못했어요. 고개를 떨군 남수의 눈에서 눈물이 뚝뚝 떨어지는 걸 보았기 때문이죠. 다들 너무 마음이 아팠어요. '혼자서 얼마나 무서웠을까, 형들에게 맞았을 때 얼마나 아팠을까.' 이런 생각을 하니 도무지 그냥 있을 수가 없었어요.

　"선생님에게 말하자. 내가 같이 가서 말할게. 우리가 해결할 수 없는 일은 어른들에게 도움받아야 해."

　수정이가 말했어요.

　"싫다고 했잖아."

　"알아, 하지만 네가 아무 행동도 하지 않으면, 계속 그 오빠들의 폭력에 시달리게 될 거야. 계속 그렇게 되어도 괜찮아?"

　남수는 잠시 망설였어요. 하지만 곧 고개를 끄덕였어요.

　"고마워, 남수야. 고마워."

　수정이는 너무 기쁜 나머지 남수 손을 꼭 잡고 말았어요.

　"네가 왜 고맙냐?"

　"계속 걱정했거든."

　"너도 참. 오지랖이다."

　남수는 피식 웃으며 말했어요.

"오지랖? 오지랖이 뭐야?"

타냐가 물었어요.

"아무 일에나 쓸데없이 참견한다는 뜻이야."

수정이가 대답해 주었어요.

"쓸데없이? 그럼 나쁜 뜻이네."

"꼭 그런 것만도 아니야. 가끔 오지랖 넓은 사람이 도움되기도 해."

남수가 대신 대답했어요.

"와. 너 진짜 그렇게 생각해?"

수정이는 깜짝 놀랐어요.

"내가 그렇다는 게 아니라……."

"어쨌든, 도움이 될 수도 있다고 생각한 거잖아."

"마음대로 생각해."

남수는 퉁명스레 말하곤 학교 건물 쪽으로 성큼성큼 걸어갔어요. 수정이도 재빨리 남수 옆에서 걸었어요. 진아, 경희, 타냐도 따라붙었어요.

"너흰 왜 따라 오는 거야?"

남수가 물었어요.

"혼자보단 둘이, 둘보단 셋이 더 든든하잖아."

경희가 말했어요.

"맞아. 나도 그랬어. 혼자였을 땐 그냥 모든 게 무섭기만 했어. 그런데 서로가 서로에게 힘이 될 수 있다는 걸 안 뒤로는 세상이 달라졌지."

타냐가 수줍게 말했어요.

"타냐, 미안해."

경희가 살짝 망설이다 어렵게 말을 꺼냈어요.

"처음부터 마음을 열지 못해서."

"괜찮아. 사실, 나도 그랬는걸. 내가 먼저 말을 걸 수도 있었잖아. 그런데 그렇게 하지 않았어. 나도 마음을 닫고 있었으니까."

"나도 미안했어. 타냐야."

진아는 이렇게 말하며 타냐를 꼭 끌어안았어요.

"너희도 그냥 친해진 건 아니었구나."

남수는 어리둥절한 표정으로 쳐다보다 피식 웃었어요.

"그렇지 뭐. 원래 친구들 사이에서도 노력이 필요한 거야. 그래서 더 소중한 거고. 아! 그런데 선생님에게 말하는 것만으로 괜찮을까? 그 오빠들이 남수를 붙잡고 또 때리면 어떡하지? 아무래도 우리 '남수 구하기 대작전'을 펼쳐야 할 거 같아. 좋은 의견 없어?"

## 개인주의와 이기주의

개인주의와 이기주의는 비슷한 말처럼 들려요. 그래서 많은 사람이 이 두 단어를 혼동해서 사용하곤 하죠. 하지만 개인주의와 이기주의는 다른 의미예요. 개인주의와 이기주의의 차이점에 대해 알아볼까요?

개인주의는 인간의 독립성과 자율성이 중심에 있어요. 그래서 집단이나 공동체의 이익을 위해 개인의 독립성이나 자율성이 희생되어서는 안 된다고 생각해요. 집단이나 공동체보다는 개인의 자유와 선택권이 더 중요하기 때문이죠.

반면, 이기주의는 자신의 이익만을 위해 움직여요. 이때, 다른 사람이나 집단이 피해를 보더라도 상관하지 않죠. 개인주의는 나의 권리를 중요하게 생각하듯 타인의 권리도 중요하다고 생각해요. 하지만 이기주의는 오로지 나의 이익만을 생각한다는 점에서 차이가 있어요.

수정이가 말했어요.

"남수, 이제 너 집에 갈 땐 우리가 바래다줄게. 우리 다섯 명이 몰려다니면 그 오빠들도 함부로 할 수 없을 거야."

경희가 말했어요.

"아! 우리 다 같이 체력도 기를까? 같이 운동해서 힘을 키우자."

대부분은 도움이 되는 의견이었어요. 그때 진아가 이런 의견을 냈어요.

"음……. 마녀를 찾자. 마녀에게 그 오빠들을 혼내 달라고 부탁하는 거지."

다른 아이들은 어이가 없어서 그만 웃음을 터뜨리고 말았어요. 하지만 수정이는 웃을 수가 없었어요. 며칠 전에 엘사에게 힘을 빌려 달라고 했던 게 생각났기 때문이에요.

'그때, 엘사도 이런 어이없는 기분이었겠구나.'

## 🌸 안녕 엘사, 안녕 유나

수정이와 친구들은 한동안 남수와 같이 다녔어요. 친구들은 말 한마디를 하더라도 서로 배려했어요. 또, 기분이 안 좋은 친구가 있으면 무슨 일인지 묻고, 위로도 해주었죠. 친구들과 함께 공부하고, 노는 시간들이 정말 즐거웠어요. 그렇다고 엘사와 유나를 잊은 건 아니에요. 친구들과 남수를 집까지 데려다주느라 혼자 있는 시간이 없었고, 그래서 인형 가게에 가지 못했을 뿐이에요. 남수 일만 해결되면 바로 인형 가게로 달려갈 생각이었죠. 그리고 그런 날이 찾아왔어요. 선생님이 남수를 괴롭힌 아이들의 학교를 알아내고, 그 학교에 연락을 취했어요. 그리고 그 학교 선생님들은 남수를 괴롭힌 아이들에게 다시는 그러지 않겠다는 약속을 받아 냈어요.

이 소식을 들은 수정이는 인형 가게로 향했어요. 엘사와 유나를 빨리 볼 생각에 그냥 걸을 수가 없었어요. 뛰어가다 숨이 차면 걷다가 또 뛰기를 반복했어요. 그러다 인형 가게가 있는 골목 안으로 들어섰죠. 그런데 왠지 모르게 불안해지기 시작하는 거예요. 막다른 골목 끝에 있어야 하는 인형 가게가 보이지 않는 거예요. 인형 가게 대신 옷 가게가 있었어요.

'잘 못 들어왔나?'

옷 가게 앞에서 기웃거리다 뒤돌아섰어요. 그런데 아무리 생각해도 지금 서 있는 곳이 인형 가게가 있었던 곳이 맞는 거 같았어요. 수정이는 옷 가게 안으로 들어갔어요. 그러자 곱슬머리를 하고 안경을 쓴 여자가 돌아봤어요.

"어떻게 왔니?"

여자가 물었어요.

"여기 인형 가게였는데……."

수정이는 예쁜 옷들이 가득 걸려 있는 가게 안을 둘러 보며 중얼거렸어요.

"아! 혹시, 너 수정이니?"

"네. 제가 수정이에요. 그런데 제 이름을 어떻게……."

"잠깐만. 아까 어떤 사람이 수정이라는 아이가 오면 주라고 부탁한 게 있었어."

여자는 계산대 테이블 쪽으로 향했어요. 그리고 서랍에서 편지 봉투를 꺼내 수정이에게 건네주었어요.

"고, 고맙습니다."

편지 봉투를 보고 있으니 이상하게도 조금 전보다 마음이 더 불안해졌어요.

"그런데……. 참 이상하지? 처음 본 사람의 부탁인데도 꼭 들어 주고 싶었어. 너한테 그걸 주고 나니 속이 시원하네."

옷 가게를 나온 수정이는 편지 봉투에 들어 있는 편지를 꺼냈어요. 놀랍게도 작별 편지였어요.

수정이는 그 자리에 한참 서 있었어요. 앞으론 엘사와 유나를 볼

수정아!

그동안 너와 함께 보낸 시간들은 정말 즐거웠어

...

영원한 너의 친구
엘사가

추신: 사실은 말
유나언니는

...

수 없다는 사실이 믿기지 않았어요. 그리고 얼굴도 보지 못한 채 이별해야 한다는 사실을 받아들일 수 없었어요.

"수정아."

자신의 이름을 부르는 소리에 돌아봤어요. 옷 가게 사장님이 걱정스러운 표정으로 서 있는 게 보였어요.

"저런, 왜 울고 있니? 편지에 나쁜 소식이라도 있는 거야?"

그제야 수정이는 자신의 뺨을 타고 흐르는 게 눈물이라는 것을 알아차렸어요.

"우리 가게에 들어가자. 따뜻한 코코아 한잔 타 줄게. 그러면 기분이 나아질 거야."

옷 가게 사장님이 수정이를 부드럽게 감싸 안으며 말했어요. 처음 본 사람인데도 따뜻하고 편안했어요. 하지만 아무리 따뜻해도, 아무리 편안해도 사장님이 엘사는 아니었어요. 수정이는 그만 울음을 터뜨리고 말았어요.

"엘사, 안녕. 유나 언니, 안녕……."

# 배려하면서 살아가는 공동체

## 공동체의 종류

○ **혈연으로 이어진 공동체**

**혈연 공동체** : 혈연 공동체는 공동체 중에서도 가장 기본이 되는 공동체예요. 혈연 공동체는 '가족 공동체'를 말해요. 우린 태어난 순간 부모, 형제, 자매와 가족으로 묶여요. 이처럼 혈연으로 연결된 사람들이 함께 사는 걸 '혈연 공동체'라고 해요.

○ **사는 지역에 따라 이어진 공동체**

**국가 공동체** : 공동체는 자신이 사는 장소를 위주로 속하게 돼요. 대한민국에서 살고 있으면 대한민국이라는 공동체에 속하게 되는 거죠. 만약 러시아에 살고 있으면 러시아라는 공동체에 속하게 되는 거고요. 우리는 이렇게 자신이 사는 나라의 공동체 한 사람으로서 권리와 의무를 행사하며 살고 있어요.

**지역 공동체** : 지역 공동체는 지역을 근거로 한 공동체예요. 우리는 지리적, 행정적 분할로 나누어진 일정한 지역 안에 살고 있죠. 이처럼 같은 지역에 사는 사람들은 지역 공동체의 한 사람이 되는 거예요.

마을 공동체 : 각 지역에는 수많은 마을이 있어요. 마을은 국가, 지역보다 작은 단위죠. 때문에 마을 공동체에 속한 사람들은 국가나 지역 단위의 공동체보다 더 긴밀하게 연결되어 있어요. 마을 사람들은 자신들이 속해 있는 마을의 일을 함께 해결하기도 하고, 더 좋은 마을을 만들기 위해 함께 노력하기도 해요.

○ 그 외 공동체

학교 공동체 : 우리는 학교라는 하나의 공동체에 속해 있어요. 학교에서도 공동체는 더 작은 단위로 나뉘기도 해요. 학년과 반에 따라 내가 속한 공동체는 달라지는 거죠.

동아리 공동체 : 동아리는 '같은 목적으로 한패를 이룬 무리'라는 뜻이 있어요. 진아를 예로 들어 보아요. 진아는 고양이를 좋아해요. 그래서 고양이를 좋아하는 사람들과 더 친해지고 싶어 해요. 고양이에 대한 정보를 교환하기도 하고, 고양이 물품을 같이 살 수도 있으니까요. 그래서 '고양이 모임'이라는 동아리를 만들었어요. 고양이 모임은 동아리 공동체가 되는 거죠.

# 토론왕 되기

## 함께 어울려 산다는 건 무엇일까?

 우리가 함께 어울려 살기 위해 필요한 것들은 뭘까?

역지사지의 자세. 다른 사람의 입장이나 처지와 바꿔 생각해 본다는 뜻이야. 그러니까, '만약 내가 타냐였다면, 처음 우리 학교에 왔을 때 힘들었겠다.' 같은 생각을 해 보는 거야. 그럼 다른 사람이 놓인 상황이나 그 사람의 마음을 이해할 수 있게 되거든.

 난 서로를 인정하고 존중하는 태도. 난 타냐와의 일을 겪으면서, 나와 다르다는 이유로 다른 사람을 무조건 싫어하는 건 잘못된 것이라는 걸 깨달았어. 이런 태도로는 다양하고 새로운 것들을 받아들이지 못해서 편협한 사람이 될 수가 있어.

난 서로를 돕는 마음. 처음에 난 다른 사람의 도움을 받는 게 싫었어. 내가 나약한 것 같아서. 그런데 도움을 요청해야 하는 상황이라면, 도움을 요청하는 게 맞는 거 같아. 또, 도움받는다고 약한 게 아니야. 지금은 내가 친구들에게 도움을 받았지만, 내일은 내가 친구들을 도울 수 있는 거지. 사람들이 함께 어울려 살 수 있는 것도, 이제까지 서로를 도와왔기 때문이잖아.

난 소통. 서로의 생각을 이해하고, 다름을 받아들이고, 도움을 요청하기 위해선 소통을 잘해야 한다는 생각이 들었어. 그런데 소통은 단지 말을 잘하는 것을 뜻하는 건 아닌 거 같아. 소통에서 정말 중요한 건 다른 사람의 말에 귀 기울일 줄 아는 마음 자세야.

**나도 토론왕**

우린 모두 공동체에 속해 있어요. 이 세상에 태어난 순간부터 가족의 한 사람이 되고, 점점 자라면서는 학교에 가 다른 아이들과 어울리는 생활을 하지요. 어른이 된 이후에는 사회 속에서 사회적 관계를 맺으며 살아가요. 지금까지 우리는 함께 어울려 살기 위해 어떻게 하면 좋을지에 대해 이야기를 나눠 봤어요. 여러분의 생각은 어떤가요? 우리가 함께 어울려 살기 위해 필요한 배려에는 무엇이 있을까요?

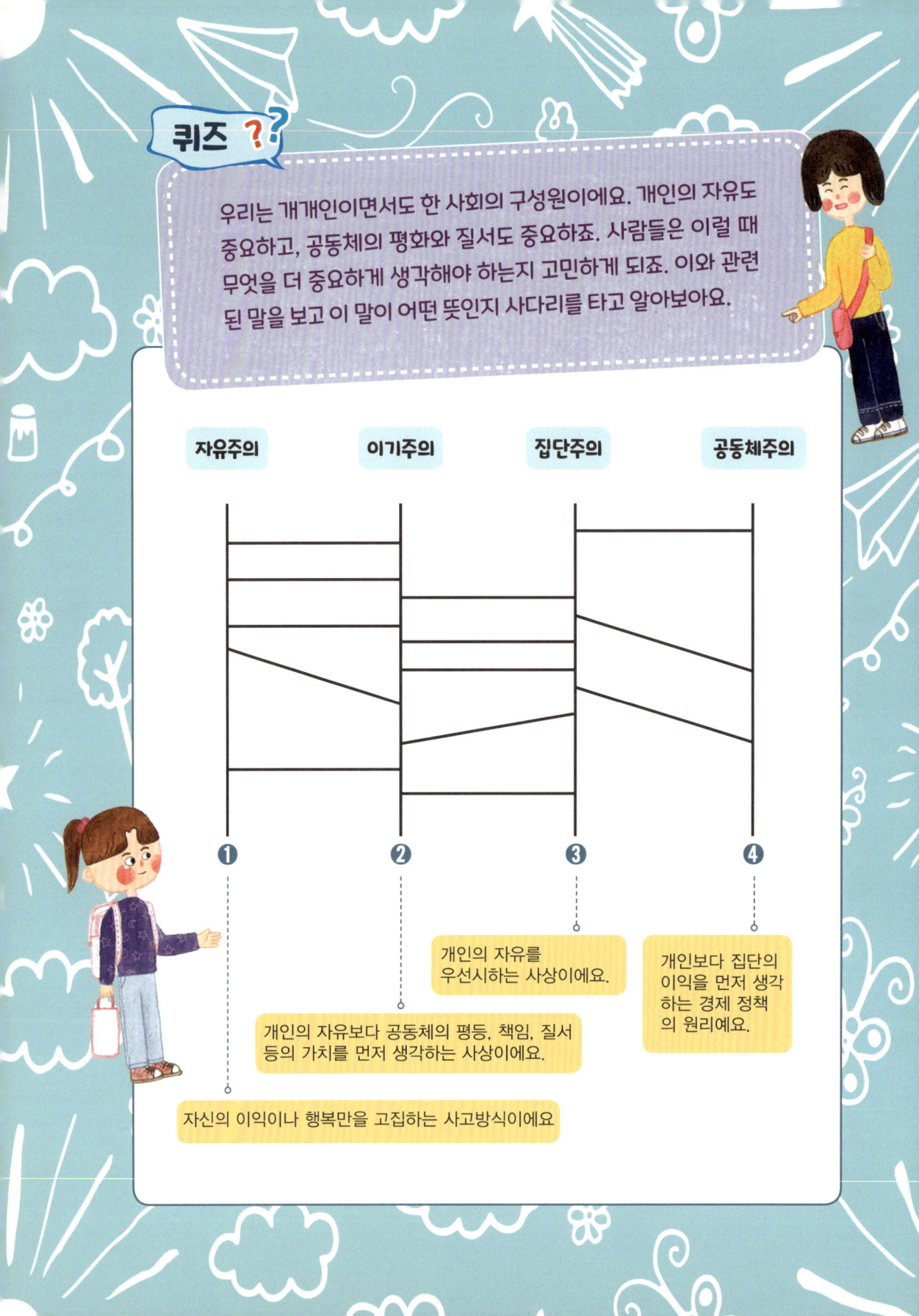

## 배려에 관한 명언들

이기주의란 내가 원하는대로 사는 것이 아니라 상대에게 내가 원하는 방식으로 살라고 요구하는 것이다. **오스카 와일드**

내가 원하지 않는 바를 남에게 행하지 말라. **공자**

남의 잘못에 대해 관용하라. 오늘 저지른 남의 잘못은 어제의 내 잘못이었던 것을 생각하라. 우리는 언제까지나 정의를 받들어야 하지만, 정의만으로 재판을 한다면 우리들 중에 단 한 사람도 구함을 받지 못할 것이다.
**셰익스피어**

남의 흉한 일을 민망히 여기고, 남의 좋은 일은 기쁘게 여기며, 남이 위급할 때는 건져 주고, 남의 위태함을 구해 주라. **명심보감**

어떤 사람을 싫어한다는 것은 그 사람에 대해 알 시간이 없었다는 것이다.
**링컨**

마음을 자각하는 단 하나의 사랑의 명약, 그것은 진심에서 오는 배려다.
**메난드로스**

사람들은 친절을 통해 서로를 이해하게 된다. **프랑스 속담**

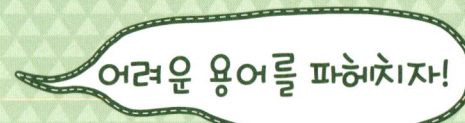

### 다문화 사회
한 사회 안에 서로 다른 인종과 다양한 문화가 공존하는 사회이다. OECD(경제협력개발기구)는 한 나라 인구에서 외국인이 차지하는 비중이 5% 이상인 경우를 일반적으로 다문화 사회로 분류한다.

### 비폭력 저항
권력의 억압이나 폭력 혹은 국가의 옳지 않은 정책이나 법률에 대해 비폭력으로 저항하는 일을 뜻한다.

### 자기 결정권
행복추구권의 한 내용으로 개인의 사적 사안에 관하여 국가로부터 간섭을 받음이 없이 스스로 결정할 수 있는 권리를 말한다.

### 상호 부조
공동생활에서 개인들끼리 서로 돕는 일이다. 사회 진화의 근본적 동력이 된다.

### 공동체
생활이나 행동 또는 목적 따위를 같이 하는 집단을 말한다.

## 신나는 토론을 위한 맞춤 가이드

함께 사는 세상을 만들기 위한 배려에 관한 이야기, 재미있게 읽었나요? 책을 덮지 말고 잠깐 기다려 보세요. 마지막 단계인 토론이 남았어요. 토론을 잘하려면 올바른 지식과 다양한 정보가 바탕이 되어야 해요. 책을 다 읽고 친구 또는 부모님과 함께 신나게 토론해 봐요!

### 잠깐! 토론과 토의는 뭐가 다르지?

토론과 토의는 모두 어떤 문제를 해결하기 위해 의견을 나누는 일입니다. 하지만 주제와 형식이 조금씩 달라요. 토의는 여러 사람의 다양한 의견을 한데 모아 협동하는 일이, 토론은 논리적인 근거로 상대방을 설득하는 일이 중요합니다. 토의는 누군가를 설득하거나 이겨야 하는 것이 아니기 때문에 서로 협력해서 생각의 폭을 넓히고 좋은 결정을 내릴 때 필요해요. 반면 토론은 한 문제를 놓고 찬성과 반대로 나뉘어 서로 대립하는 과정을 거치지요. 넓은 의미에서 토론은 토의까지 포함하는 경우가 많습니다. 토론과 토의 모두 논리적으로 생각 체계를 세우고, 사고력과 창의성을 높이는 데 도움을 준답니다.

### 토론의 올바른 자세

**말하는 사람**
1. 자신의 말이 잘 전달되도록 또박또박 말해요.
2. 바닥이나 책상을 보지 말고 앞을 보고 말해요.
3. 상대방이 자신의 주장과 달라도 존중해 주어요.
4. 주어진 시간에만 말을 해요.
5. 할 말을 미리 간단히 적어 두면 좋아요.

**듣는 사람**
1. 상대방에게 집중하면서 어떤 말을 하는지 열심히 들어요.
2. 비스듬히 앉지 말고 단정한 자세를 해요.
3. 상대방이 말하는 중간에 끼어들지 않아요.
4. 다른 사람과 떠들거나 딴짓을 하지 않아요.
5. 상대방의 말을 적으며 자기 생각과 비교해 봐요.

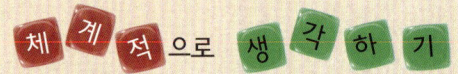

## 다름은 어떻게 이해해야 할까요?

아래의 동화를 보고 여러분이라면 어떻게 할지 아래 질문에 따라 답해 보아요.

어느 맑은 봄날, 얼굴이 동그란 지호, 머리카락이 곱슬곱슬한 하은이, 목소리가 큰 시후가 산으로 봄소풍을 떠났어요.

숲에는 색깔이 하얀 나무, 작고 빨간 열매가 주렁주렁 달려있는 나무, 따가운 가시가 있는 나무가 있었어요.
"나무가 엄청 많구나. 근데 저 자작나무는 혼자 너무 앙상하고 볼품없어."
동그란 얼굴을 가진 지호가 말했어요.
"응, 하지만 그 앙상한 나무들도 함께 모여서 울창한 산이 되지."
머리카락이 곱슬곱슬한 하은이가 말했어요.

산에는 머리가 초록색인 새, 목이 길다란 새, 살이 쪄 뒤뚱뒤뚱 걷는 새가 있었어요.
"새도 참 많다. 하하, 저 비둘기 좀 봐. 날지도 못하잖아."
지호가 깔깔대며 웃었어요.
"응, 하지만 어떤 새는 벌레를 잡고 어떤 새는 물고기 사냥을 하며 다 함께 살아가지."
목소리 큰 시후가 말했어요.

이번에는 날지 못하는 비둘기가 물었어요.
"그런데 너희는 하나부터 열까지 다 다르게 생겼구나."
"그래, 다 달라. 좋아하는 것도 다 다르고.
동그란 얼굴을 가진 지호는 게임을 좋아해.
머리카락이 곱슬곱슬한 하은이는 언제나 앞장서서 길을 걷지.
목소리가 큰 나는 따라 그리기 선수야.
다 다른 우리 반은 언제나 재밌고 즐거워."

❶ 나무와 새를 보고 지호와 하은이, 시후가 보인 반응은 어떤가요?

..................................................................................................
..................................................................................................
..................................................................................................
..................................................................................................
..................................................................................................
..................................................................................................

❷ 여러분은 누구와 같은 반응을 보였을까요? 왜 그렇게 생각했는지 이유도 써봅시다.

..................................................................................................
..................................................................................................
..................................................................................................
..................................................................................................
..................................................................................................
..................................................................................................
..................................................................................................
..................................................................................................

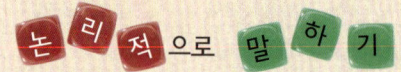

## 배려는 무조건 좋은 걸까요?

배려는 '여러 가지로 마음을 써서 보살피고 도와줌.'이라는 뜻입니다. 사회에서 배려는 꼭 필요한 덕목이지만, 때에 따라서는 배려가 오히려 관계를 불편하게 만드는 경우도 있어요. 아래 기사를 읽어 보고 여러분의 생각을 적어 보세요.

뇌성마비 장애인인 A씨는 최근 유튜브를 시작했다. 영상에는 A씨가 휠체어를 타고 다니며 친구들과 함께 즐겁게 노는 모습이 담겨 있다.

A씨의 유튜브에서 반응이 좋았던 영상 중 하나는 장애인에 대한 편견을 보여 주는 영상이었다.

A씨가 친구들과 내기를 하던 중 벌칙에 걸리자 "A는 봐 주자."며 과도한 배려를 하는 모습이었다. 영상에는 "이런 부분이 불편할지는 생각지도 못한 부분이었다."는 댓글이 달렸다. A씨는 "장애인을 불쌍하게 생각해서 일어나는 일인 것 같다."고 말했다.

마지막으로 A씨는 "모든 사람들이 나를 '장애를 가진 사람'으로만 보지 않고 나 자체로 보아 주었으면 좋겠다."며 "영상을 보는 사람들도 '장애인도 나와 별반 다를 것 없구나.'라고 생각하면 좋겠다."라고 말하며 영상을 마무리 지었다.

① 왜 A씨는 자신의 일상을 유튜브에 공유하게 되었을까요?

..................................................................................
..................................................................................
..................................................................................
..................................................................................
..................................................................................

② A씨는 과도한 배려가 왜 불편했을까요?

..................................................................................
..................................................................................
..................................................................................
..................................................................................
..................................................................................

③ 그렇다면 배려를 할 때 중요한 점은 무엇이라고 생각하나요?

..................................................................................
..................................................................................
..................................................................................
..................................................................................
..................................................................................

## '나'는 어떻게 살아야 할까요?

다양한 사람들이 모여 사는 사회에서 여러분은 어떻게 살고 싶은가요? 경희와 진아는 선입견을 버리고 타냐와 친해지게 되었어요. 남수는 친구들의 도움을 받아 폭력에서 벗어날 수 있었고요. 이처럼 함께 사는 세상을 위해 내가 버리고 갖춰야 할 태도는 무엇인지 자유롭게 적어 보세요.

### 예시 답안

#### 다름은 어떻게 이해해야 할까요?

1. 지호는 혼자 다르게 생긴 하나에 집중하고 있다. 반면, 하은이와 시후는 나무와 새 모두가 다르게 생겨도 잘 어우러져 살고 있는 모습을 말하고 있다.
2. 나라면 시후와 같이 말했을 것 같다. 사람이나 동물이나 모두 생긴 것과 하는 일이 다르기 때문이다.

#### 배려는 무조건 좋은 걸까요?

1. 장애인을 특별하게 보지 않고, A씨 그 자체로 봐 주었으면 좋겠어서이다.
2. 다른 친구들의 과도한 배려로 A씨는 자신이 무리에 낄 수 없다는 소외감을 느낄 수도 있을 것 같다.
3. 상대방의 입장에서 그 사람이 어떤 것을 원할지 생각해 보는 일이 중요하다.